"十三五"国家重点出版物出版规划项目

重庆文物考古报告系列

潼南千佛寺

重庆市文化遗产研究院
重庆文化遗产保护中心 　编著

科学出版社

北京

内 容 简 介

　　本书是潼南千佛寺摩崖造像遗址考古发掘成果的系统报告，主要对千佛寺摩崖造像各窟龛形制、造像内容、题记等进行了详细、全面的介绍，在客观叙述的基础上，开展了造像分期研究，并对造像中密教因素进行了初步探讨。书中加入了千佛寺摩崖造像后续保护规划方案，体现了发掘单位一体化保护的思路和理念。此外，本书还收录了发掘单位早年和近期在潼南境内开展摩崖造像调查的简报。

　　本书适合从事考古学、宗教学、艺术史等相关专业的专家、学者、大专院校师生及相关爱好者参考、阅读。

图书在版编目（CIP）数据

潼南千佛寺 / 重庆市文化遗产研究院，重庆文化遗产保护中心编著.—北京：科学出版社，2019.11
（重庆文物考古报告系列）
"十三五"国家重点出版物出版规划项目
ISBN 978-7-03-063189-3

Ⅰ.①潼⋯　Ⅱ.①重⋯　②重⋯　Ⅲ.①佛像—造像—发掘报告—潼南区　Ⅳ.①K879.35

中国版本图书馆CIP数据核字（2019）第244892号

责任编辑：柴丽丽　王　蕾 / 责任校对：邹慧卿
责任印制：肖　兴 / 封面设计：美光设计

科 学 出 版 社 出版

北京东黄城根北街16号
邮政编码：100717
http://www.sciencep.com

中国科学院印刷厂　印刷

科学出版社发行　各地新华书店经销

*

2019年11月第　一　版　　开本：787×1092　1/8
2019年11月第一次印刷　　印张：21 1/4　插页：32
字数：420 000

定价：**368.00元**

（如有印装质量问题，我社负责调换）

前　言

今之川渝，古称巴蜀，同处西南四川盆地，比邻而居，文俗相近。两地同为中华文明起源和发展的重要地区之一，文化遗产丰富多彩，石窟寺及石刻是其中一个重要组成部分。据调查，川渝地区现有石窟寺及石刻8032处，其中世界文化遗产2处（乐山大佛、大足石刻），全国重点文物保护单位39处（75个石窟及石刻分布点），占全国重点文物保护单位"石窟寺"类型的46%，占"石窟寺及石刻"类型的14.55%，占南方地区总量的30%，居全国第一。

自佛教从印度传入中国，从新疆到敦煌，从云冈到龙门，一路留下诸多精美绝伦的石窟造像。晚唐以降，北方战乱不断，大规模的开窟造像活动基本停止。不得不说，天时和地利两方面的因素导致了中国晚期石窟寺的最后辉煌出现在川渝地区。川渝地区因地处西南、蜀道艰险而得享太平，帝王将相、僧道文人、富贾匠人纷纷南逃避难。乱世思安，凿窟造像祈福的活动兴起，形成了数量庞大、内涵丰富、历史悠久的川渝石窟寺及石刻遗产。这些石窟及石刻少数开凿时间始于6、7世纪，主要造像开凿于9～12世纪，其中以唐宋时期石窟及石刻尤为突出。

川渝地区石窟及石刻是我国晚期石窟寺中遗存数量最多、分布范围较广、类型最复杂、内容最丰富、延续时间最长的区域，不但具有典型的地域特点，而且在中国石窟艺术发展史上也是典型代表。中国南方地区除江苏、浙江、江西、云南等地有零星分布外，90%以上石窟及石刻都集中于川渝地区。川渝地区石窟早期沿袭中原北方地区石窟艺术范式，盛唐以后在吸收借鉴基础上逐渐自成体系，晚唐至两宋，川渝地区石窟造像地方化、世俗化的艺术特色走向成熟，其极高的艺术价值表现在丰富的题材、多变的构图、生动的造型与高超的雕刻工艺等多个方面，是研究我国晚期石刻艺术发展与雕刻技术特点的一部真实教科书，是反映历史石雕技术与西南地区艺术史发展成就的实物例证，对重构西南区域宗教史、地方史有着举足轻重的作用。

相对于北方地区以及邻省四川，重庆地区虽然拥有数量众多的石窟寺及石刻，但不论是全面、系统、规范的考古调查与资料记录，还是详细、深入的考古发掘与学术研究，都颇有不足。据调查发现，潼南早在隋代就开始在崖壁开凿龛像，在中晚唐至宋代达到鼎盛。但相关的研究却很薄弱，关注者甚少，一些研究者据此看淡甚至是忽视潼南在唐宋川渝地区石刻造像史上的地位。潼南作为嘉陵江支流上的重镇，处于巴渝地区向西、向北的重要通道上，是古代人类活动的重要节点之一。在潼南地区的考古调查证实，各时期的石窟遗存大都分布在古代交通线路和县城附近，沿交通干道逐渐向周边传播扩散。如果这一观点正确的话，潼南、安岳、大足等地的佛教造像风气的传播过程中，潼南应该具有更加重要和更主动的地位。潼南的佛教造像过去研究甚少，这与其在造像史的地位是不相吻合的，潼南崇龛千佛寺摩崖造像的发现为我们的研究提供了良好契机。

2012年，一个意外的施工发现，一次大胆的工作尝试，让重庆市文化遗产研究院得以进入佛教考古领域，尝试以考古学的工作规范和工作方法，对潼南千佛寺摩崖造像遗址进行清理发掘。在文化遗产保护系统性工作思路的框架下，第一时间对这批因掩埋于地下而躲过了人为破坏和自然污染的珍贵遗存进行全面、系统的资料采集，从发掘、记录、保护、规划等多领域全面保护千佛寺这一珍贵文化遗产，为后面的石窟及石刻文物保护工作提供珍贵的第一手材料。

在这个过程中，我们认识到川渝地区的石窟及石刻较之北方地区保护更为困难，砂岩质地结构松散，加之地质环境复杂，区域气候高温、寒湿多雨，文物本体病害类型复杂多样，尤其是受风化、生物病害、水侵蚀、彩绘泥塑脱落褪色等破坏，加之保护工作滞后、基础研究不足等多种因素，文物损坏较严重，文物保存状况严峻，保护工作迫在眉睫。

由于种种原因，我们的后期保护规划未能立项实施，但是我们欣喜地看到，国家文物局将"川渝地区石窟文物保护与利用工程"纳入国家文物博物馆事业"十三五"规划中的重大文物保护专项，统筹推进抢救性保护与预防性保护、文物本体保护与周边环境保护、文物保护与文物安全，借鉴敦煌石窟、云岗石窟、龙门石窟有效保护与合理利用展示的成功经验，调动全国乃至全世界的石窟寺保护技术和人员力量，坚持科学分析解决问题，争取在"十三五"期间集中有效地解决危岩体、水害、生物等病害以及直接威胁文物安全的因素，持续开展关键表层文物病害研究等抢救保护工作，较为全面地维护川渝石窟及石刻的真实性和完整性，科学、合理地传承川渝石窟文物价值，较大程度上改善川渝石窟的保护利用状况，进而整体提升我国石质文物保护的科技水平。

我们殷切希望，这本记录了潼南千佛寺摩崖造像遗址第一手材料的考古报告，能为川渝地区石窟文物保护与利用工程项目这个惠及后世的重大文化遗产保护工程贡献自己的一份力量。

目　　录

插 图 目 录

图 版 目 录

第一章 概　述

第一节 地理环境

潼南区位于重庆市西北部，东邻合川、南接大足、西连四川安岳、北靠四川遂宁，东西阔47、南北距72千米，面积1583平方千米，辖2个街道、20个镇、281个行政村，人口103万。地理坐标为东经105° 31′ 41″ ~ 108° 12′ 37″、北纬29° 47′ 33″ ~ 30° 26′ 28″。

潼南区境内地质构造属四川盆地平缓褶皱区，地势西北高东南低，地形多为浅丘，丘陵面积占79.4%，海拔一般在300 ~ 450米，河谷面积约占7.8%，台地面积占4.7%。潼南区地处长江上游地区嘉陵江流域，境内两条主要河流涪江、琼江均自西北向东南平行贯穿全境，另有大小河流73条，呈树枝状分布于潼南区境内。

全区属亚热带湿润季风气候区，气候温和，雨量充沛，日照充足，植被丰茂，适宜人类居住和农耕。现有耕地面积727979亩，种植业品种资源繁多，粮食作物以水稻为主，经济作物以蔬菜、桑、果、油料为主，是重庆市"菜篮子"的重要基地，畜牧业以养猪为主，小家禽为辅。

崇龛镇地处潼南区西北部，距县城30千米，西、北邻接四川安岳县、遂宁市，土地面积87.6平方千米，辖16个行政村、1个居委会、140个村民小组、3个居民小组，人口50000余人。琼江河45千米纵贯崇龛镇全境，自场镇沿琼江上溯至毛家坝岭岗的一级阶地地势平缓，分布着薛家坝、杨家大院子、田家大院子、青岗村等，靠后1千米左右多为浅丘溪沟地形。崇龛镇主要种植水稻、小麦、红苕、蔬菜、油菜、花生、水果等，是重庆市重要的油菜花、柠檬、蔬菜种植基地。

千佛寺摩崖造像遗址（以下简称"千佛寺"）位于崇龛镇薛家村一社张家湾北部，寨子坡南面，西南距离场镇约2千米，地理坐标为东经105° 37′ 29.5″、北纬30° 09′ 58.6″，海拔326米（图一）。造像分布于近东西走向坐北朝南的崖壁上。

千佛寺南面为华家沟，沟底有水田、水塘，沟口缓坡地带分布有民居，湾内缓坡旱地种植油菜、红薯、花生、玉米等经济作物，往上则为山包林地，分布有高大乔木如柏树和低矮灌木、茅草等植被（图版一）。

千佛寺背倚绵延隆起的山包，小地名寨子坡，呈南北向，南段为地势狭窄的陡斜坡，中段与北段地势较开阔平缓，隆起三个小土包。据调查，寨子坡早年海拔比现今高出10 ~ 20米。20世纪50年代，修建崇龛水库，山包顶部岩石被大量开采，也因此导致千佛寺崖壁上部的摩崖造像被破坏，同时整个造像崖壁被碎石土石方掩埋，从而在崖壁前后及顶部形成了土质疏松、易塌方滑坡的堆积，经年累月，堆积的地表生长了大量的灌木和茅草等植被。2015年，寨子坡一带被开发为阿源农业园，地面植被被清除，土包被梯级化，用于种植花椒、柠檬、大豆等作物。寨子坡中段西北部，千佛寺往东北约300米处有当地信众新近修建的回龙寺，据称早年从华家沟经千佛寺到回龙寺有道路相通，山顶有寨子、学校，但均已无存，调查时也未发现相关遗存。千佛寺往东北约1千米的南家湾崖壁上分布有数十龛摩崖造像，名为崇龛万佛湾摩崖造像，附近人烟稀少，植被丰茂，崖前有一条乡村公路。

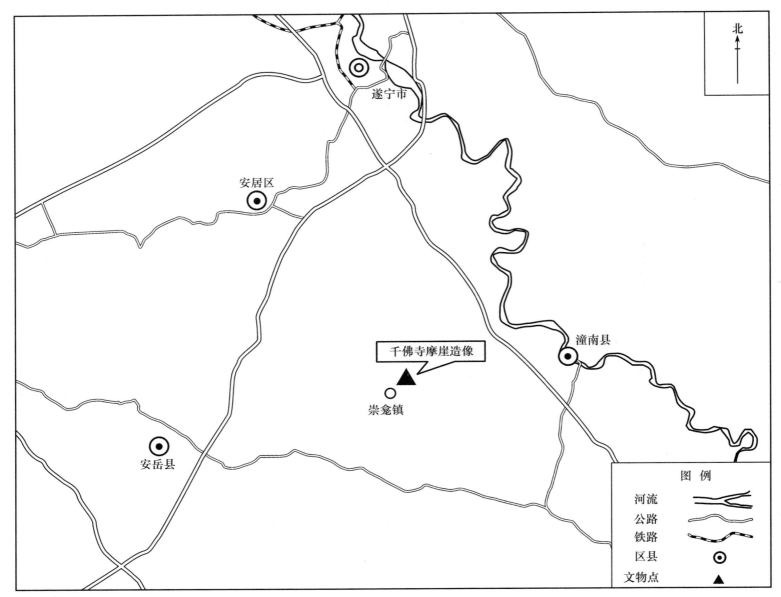

图一　千佛寺摩崖造像遗址位置示意图

第二节　历史沿革

潼南地区在周秦之际分属巴、蜀两国。周代，潼南涪江一带属蜀国，琼江一带属巴国。秦代分属蜀、巴二郡。

西汉初，潼南涪江一带属广汉郡广汉县。武帝时，今潼南琼江一带属犍为郡。三国蜀汉时，今潼南涪江一带属广汉郡德阳县，琼江一带仍属犍为郡。

西晋时，李特据蜀，潼南属于德阳郡德阳县管辖。

东晋穆帝永和三年（347年）桓温平蜀后，置遂宁郡，郡治所初设德阳县（治所在今四川遂宁市城区），后迁徙巴兴县（治所在今四川大英县回马镇长江坝）。孝武帝时（373～396年）分德阳县设晋兴县（治所在今潼南区玉溪镇青石村青石坝），领今潼南区涪江一带，为潼南境内置县之始。

西魏恭帝三年（556年）将晋兴县更名为始兴县，隶属怀化郡。北周始兴县改隶属石山郡，领今潼南区涪江一带；另置安居郡，今潼南区琼江一带隶属安居郡柔刚县。

隋初废郡置州，始兴县隶属遂州，柔刚县隶属普州，另于今潼南区崇龛镇一带设隆龛镇。文帝开皇十三年（593年）改柔刚县为安居县，开皇十八年（598年）改始兴县为青石县，潼南之地分属二县管辖。炀帝大业三年（607年）改遂州为遂宁郡，大业十二年（616年）升隆龛镇为隆龛县（治所在今潼南区崇龛镇九村瓦子堡），辖今潼南区琼江一带，隶属资阳郡。

唐代潼南之地分属青石、遂宁、崇龛、铜梁四县管辖，治所均在潼南境内。高祖武德元年（618年）改遂宁郡复置遂州，仍领青石县。武德二年（619年）复置普州，隆龛县隶属普州。中宗景龙二年（708年），分青石县置遂宁县（治所在今潼南区梓潼街道办事处下县坝）。玄宗先天元年（712年）避讳改隆龛县为崇龛县。开元十六年（728年）移合州铜梁县治于东流溪坝（治所在今潼南区小渡镇代场村代场坝）。

宋代潼南之地分属青石、遂宁、安居、铜梁等县辖地，北宋太祖乾德五年（967年）降崇龛县为镇，并入安居县（治所在今遂宁市安居坝），隶属普州安岳郡。神宗熙宁六年（1073年）青石县并入遂宁县，次年，复置青石县。

元世祖至元十七年（1280年）将巴川县并入铜梁县，仍属合州，县治迁巴川镇，代场坝一带划归遂宁县。至元十九年（1282年），并遂宁、青石二县入小溪县（即德阳县，萧梁时更名，治所在遂宁市船山区），隶属遂宁州。

明朝太祖洪武九年（1376年）将遂宁州降为遂宁县，并小溪县入遂宁县，隶属潼川州，至此，潼南全境为遂宁辖地。洪武十年（1377年）并蓬溪县入遂宁县。洪武十三年（1380年）复分置蓬溪县，涪江左岸地域属蓬溪，涪江右岸地域属遂宁。

清代顺治十年（1653年）并遂宁县入蓬溪县，顺治十七年（1660年）复分置遂宁县。雍正十二年（1734年），升潼川州为府，领三台、射洪、盐亭、中江、蓬溪、遂宁、安岳、乐至八县，直至清末。

民国元年（1912年），新建东安县，由四川省直辖。民国二年（1913年）废省改道，东安县隶川北道潼川府。民国三年（1914年），川北道改名嘉陵道，东安县因地处潼川府之南而更名潼南县。民国十八年（1929年），废道府建制，潼南县由四川省直辖。民国二十四年（1935年），潼南县隶属四川省第十二行政督察区。

1950年，潼南县隶属川北行署遂宁专区。1952年改为四川省遂宁专区管辖。1958年，遂宁专区并入绵阳专区。1976年潼南县由绵阳地区改隶属江津地区。1981年，江津地区改名永川地区。1983年永川地区并入重庆市，潼南县隶属重庆市。2015年6月，潼南县撤县设区。

第三节 工作概况

一、潼南区考古工作简况

潼南区历史悠久，保留了珍贵的文化遗产，蕴含着丰富的文化内涵。2000年以前，潼南的考古工作主要体现在两次全国文物普查。1987、1988年开展了第二次全国文物普查，潼南境内发现文物点268处[①]。2007~2010年开展了第三次全国文物普查，对县境内地面、地下的不可移动文物进行了普查，调查登记古遗址13处，古墓葬376处，石窟寺及石刻60处，古建筑160处，近现代重要史迹及代表性建筑65处，各类文物点共计674处[②]，为潼南区文化遗产的保护与利用提供了翔实的基础资料。

随着潼南区近二十年的基本建设工程大力开展，区内考古工作也随之增多，为配合渝遂铁路、渝遂高速

---

① 潼南区文物管理所内部资料，数据信息由潼南区文物管理所提供。
② 潼南县文物保护管理所：《第三次全国文物普查潼南县成果集》，重庆大学出版社，2013年，第341、342页。

公路、潼荣高速公路、潼南涪江二桥、大石桥水库、潼南航电枢纽、中卫至贵阳天然气输气管道联络线等基本建设工程，重庆市文化遗产研究院（原重庆市文物考古所）对各基建项目相关征地区域开展了文物调查、考古勘探、考古发掘等工作。调查发现文物点80余处[1]，遗存类型有古遗址、古墓葬、摩崖石刻、古建筑等，部分为两次普查成果外的新发现。在文物调查的基础上，重点对青石县城遗址、遂宁县城遗址、下庙儿遗址等进行了考古勘探，基本廓清了遂宁县城遗址的分布范围和面积。在调查勘探的基础上，重庆市文化遗产研究院对其中大部分文物点开展了资料留取和考古发掘工作，先后发掘了潼南曾家坝遗址、下庙儿遗址[2]、干溪沟遗址、遂宁县城遗址、坛罐窑窑址、崇龛梁家嘴墓群[3]、塔湾院子墓群[4]等。曾家坝遗址发现有商周遗存，出土了零星新石器时代遗物，为潼南区境内已发现的时代最早的文化遗存。干溪沟遗址、下庙儿遗址清理发掘了十余座西汉晚期至东汉墓葬，尤其是西汉晚期土坑墓的发现，填补了涪江下游地区西汉墓葬的空白[5]。遂宁县城遗址的发掘，发现大量唐宋时期文化遗存，文献资料关于遂宁县城遗址所在地的记载得到进一步印证。

除对古遗址、古墓葬、古建筑开展的一系列文物调查、考古勘探、考古发掘工作以外，近年重庆中国三峡博物馆、西华师范大学历史文化学院相继对潼南区境内的部分石窟寺及石刻展开了不同程度的调查[6]。

二、千佛寺摩崖造像遗址考古工作概况

千佛寺地处偏僻，不见诸文献记载，只是从当地老一辈的村民口中可听说关于它的二三事。从前述可知，20世纪50年代，因修建崇龛水库，寨子坡一带被大规模开采山石，千佛寺所处山崖也未能幸免，其岩体上部几乎被削平，致使崖壁上部的造像几乎被完全截去，仅崖壁下部的部分造像得以幸存，同时开采山石产生的碎石土石方将岩体下部埋藏，其造像自此鲜为人知。2011年8月，因当地政府建设需要，在该处挖取碎石而使千佛寺的造像重现天日（图版二）。为加强对千佛寺的保护和利用，受重庆市文物局委托，重庆市文化遗产研究院自千佛寺重现以后，主要开展了以下几个方面的工作。

（一）考古清理与发掘

2011年8月，千佛寺摩崖造像暴露于野之后，重庆市文化遗产研究院迅速组织了考古工作队，制定了工作方案，正式启动千佛寺的考古工作。2011年9～10月，首先对崖壁上暴露出来的造像进行了抢救性清理（图二；图版三）。崖壁陡直，残高约6米，已发现造像区域东西长35、残高4米，经过月余，清理造像窟龛

---

① 据重庆市文化遗产研究院2003年以来基建工程项目文物调查资料统计，内部资料。

② 重庆市文化遗产研究院、潼南区文物管理所：《潼南县下庙儿遗址汉墓发掘报告》，《嘉陵江下游考古报告集》，科学出版社，2015年，第289～322页。

③ 重庆市文物考古所、潼南县文物管理所：《潼南县崇龛梁家嘴墓群考古发掘简报》，《重庆公路考古报告集》，科学出版社，2010年，第222～242页。

④ 重庆市文化遗产研究院、潼南县文物管理所：《潼南县塔湾院子墓群发掘简报》，《嘉陵江下游考古报告集》，科学出版社，2015年，第557～579页。

⑤ 重庆市文化遗产研究院、潼南区文物管理所：《潼南县下庙儿遗址汉墓发掘报告》，《嘉陵江下游考古报告集》，科学出版社，2015年，第319页。

⑥ 王玉：《重庆地区元明清佛教摩崖龛像》，《考古学报》2011年第3期，第411～442页；重庆中国三峡博物馆、重庆博物馆：《重庆地区唐代佛教摩崖龛像调查》，《考古学报》2014年第1期，第109～138页；西华师范大学历史文化学院等：《重庆龙多山石窟调查简报》，《石窟寺研究》第五辑，文物出版社，2014年，第1～42页。

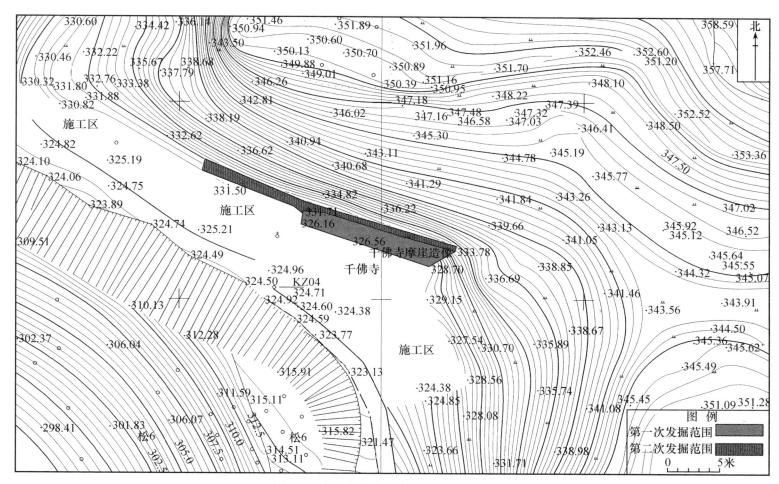

图二　千佛寺摩崖造像发掘范围示意图

43龛、造像311身、文字题记或碑刻31则、线刻1例（图三；图版四；附表一）。在部分造像龛周边有排列较规律的长方形榫孔。

对崖壁造像进行清理的同时，工作队还对崖壁前的堆积进行了小范围考古发掘，循岩体走势布方4个，正南北方向，发掘面积100平方米。通过发掘，发现该区域文化层堆积多在80～100厘米，出土较多青灰色板瓦残片和少量青花瓷、青瓷片等，发现有铺地石板、房屋基石、柱础等遗迹（图四；图版五）。但由于破坏严重，其规模和布局不明晰，从相对位置判断，推测是摩崖造像的附属建筑，时代可晚至明清。

为更加全面了解千佛寺的整体面貌，2012年10～12月，重庆市文化遗产研究院在此开展了第二次考古工作（图版六）。本次主要是在第一次发掘工作的基础上，沿着已发现造像的岩体向东西两端进行清理发掘，但并未发现新的造像遗存。

（二）信息采集工作

造像清理工作结束后，重庆市文化遗产研究院对造像龛进行了内容记录（图版七，1），对题记进行了拓片（图版七，2），开展了传统手绘工作（图版八），多次进行全方位摄影，并利用无人机进行了高空拍摄（图版九）。2011年10月，邀请四川大学考古学系对造像本体进行了三维扫描（图版一〇，1）。2012年5月，与重庆地矿测绘院合作，对千佛寺及周边区域开展了1∶500地形图测量测绘工作。2017年9月，基于信息采集的更高精度要求，委托武汉微目科技有限责任公司再次开展了三维激光扫描工作（图版一〇，2），并形成了各造像龛的二维线画图和三维模型等数字化成果。通过一系列不同手段、方式的信息采集工作，留取了较为全面翔实的第一手资料，为千佛寺后续工作开展提供有力的数据支撑。

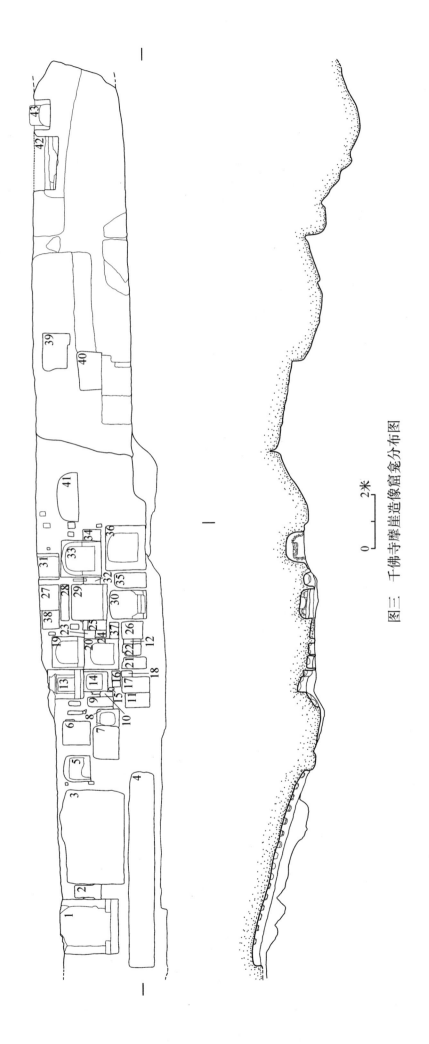

图三　千佛寺摩崖造像龛窟分布图

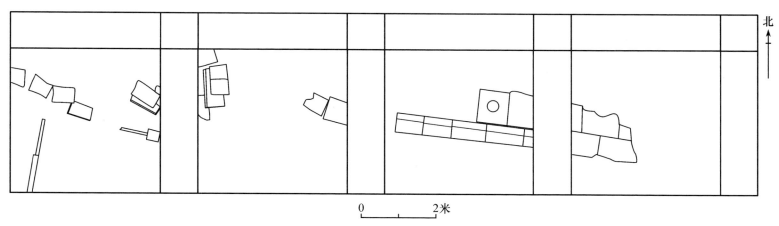

图四　千佛寺摩崖造像遗址探方发掘总平面图

（三）全国重点文物保护单位申报

千佛寺是一处内涵丰富、艺术精湛的造像遗址，是重庆地区唐宋石刻造像的代表作，具有较高的艺术价值和佛教考古价值。2011年底，受重庆市文物局委托，重庆市文化遗产研究院着手准备千佛寺国保单位的申报工作。2013年3月5日，潼南千佛寺摩崖造像被国务院核定并公布为第七批全国重点文物保护单位（国发〔2013〕13号），归入第六批全国重点文物保护单位潼南大佛寺摩崖造像。

（四）后续保护规划

千佛寺摩崖造像清理结束后，其安全保卫、本体保护以及后续利用等问题接踵而至，重庆市文化遗产研究院从2011年底至2012年上半年，相继编制了《潼南县千佛寺摩崖造像保护工作计划》《潼南县千佛寺摩崖造像保护工作后续规划草案》《潼南县千佛寺摩崖造像后续保护规划》等，针对后续不同阶段的工作开展，提出了建议。

（五）崖顶减负及其他保护性工作

千佛寺崖顶堆积了大量的土石方，对文物本体形成了极大的安全威胁。2011年12月和2012年12月，重庆市文化遗产研究院两次对崖顶的堆积进行土石方转移，在降低碎石土石方堆积高度的同时，造像崖壁顶部往后3米内的土石方堆积均被转运移除，为千佛寺摩崖造像本体进行减负。

2013年春，为加强千佛寺的安全，减少雨水、光照等自然灾害对造像本体的侵蚀，防范人为破坏，重庆市文化遗产研究院与潼南县文物管理所共同规划并实施了崖顶筑引水沟、崖前搭建钢构雨棚、砌筑围墙等临时性保护措施。

第四节　报告编写说明

本报告文本内容主要包括五部分，其中第一至四章为千佛寺相关内容，第五部分为附录。第一章概述，主要围绕千佛寺遗址的地理环境、历史沿革、工作概况展开，并对本报告的编写体例和思路进行了说明。第二章是本报告的核心内容，从窟龛的相对位置、形制、尺寸、造像内容、保存状况、题记等方面对各窟龛进行了介绍，本部分内容本着全面、客观的原则，尽量全面刊发各窟龛的内容，包括空龛，尽量给读者呈现最原始本真的内容。第三章主要是我院相关研究人员对千佛寺摩崖造像内容、题材、特征的初步认识，并结合考古学知识对造像进行分期研究以及对造像中密教因素的初步探讨。第四章关于千佛寺摩崖造像的后续保护规划，本部分内容为我院田野考古工作结束后，基于加强千佛寺后续保护利用的愿望，于2012年编制的方案。由于千佛寺于2013年被国家文物局公布为第七批国家重点文物保护单位，其后续保护工作的开展与实施主体发生了变化，此保护方案也仅仅停留在最初的设想，未能具体展开。从千佛寺的发现、考古发掘、信息采集以及一些后续工作的开展，体现了我院一体化保护的思路和理念，因此虽然保护方案存在诸多问题和不足，依然纳入报告，以期能为其他工作的开展提供借鉴。附录部分主要收录了我院工作人员早年和近期在潼南地区开展摩崖造像调查的报告，以便读者更加全面地了解潼南地区唐宋时期摩崖造像的情况，希望能引起学界更多的关注和重视，从而加强对这些石窟寺及摩崖造像的研究、保护和利用。第四章因保护规划类方案编制体例的特殊性，使用了图、表格穿插文中，不与其他章节统一。

报告中，题记内容采用楷体字，缺泐或模糊难辨字迹用"□"，模棱两可字迹用"（）"，断行用"/"。

关于窟龛编号，统一按造像本体左右为左右，自右向左、自上而下按序编号，千佛寺空龛亦按顺序编号。调查报告中涉及文物点造像龛编号，根据各自情况在文中进行说明。

本报告中的绘图包括了造像龛的正视图、剖面图，剖面图又根据不同窟龛内容有左右纵剖图和横剖图。绘图方式有两种，一种是在清理工作结束后采用的传统人工测量手绘方式，以肉眼所及绘制的手绘图。另一种是运用三维激光扫描技术和相匹配软件绘制完成的测绘图。我们采用Faro Focus3D 120三维激光扫描仪，扫描记录的点间距在2毫米左右，所得数据既反映了窟龛的结构形态，也反映了窟龛内的造像，利用丰富的点云数据，辅之以准确的考古测绘图。本报告采用了部分手绘图与三维激光扫描测绘图对比使用的方法，其目的是向大家展示传统手绘和运用现代科技手段绘制的二维线图各自的优势和短板及肉眼和仪器视觉上一些差异。报告中反映千佛寺摩崖造像分布、窟龛结构形制和内容等的绘图以及题记拓片均作为插图插入正文。插图中的线绘图，未特别标注的则是三维激光扫描测绘图。

摄影图版主要为用高清数码相机拍摄的照片，全景照片采用了无人机高空拍摄，从遗址周边环境、全景、窟龛结构、造像内容、相互关系等多角度、全方位拍摄照片，报告中采用全景和局部呼应的方式，力求全方位披露资料。

第二章 窟 龛 内 容

一、第 1 龛

1. 位置

位于窟群西部上层，第2龛右侧，左龛壁局部被第2龛打破。

2. 龛形

双重龛，龛顶部坍塌。外龛近方形；内龛圆拱形，平面近半圆形，龛口朝南。

3. 尺寸

外龛残高212、宽208、深129厘米，内龛残高181、宽152、深103厘米。

4. 造像内容

内龛浮雕一佛二弟子二胁侍菩萨。外龛底部中央雕凿一高28、宽28厘米的莲池，其上浮雕缠枝莲叶、莲蕾等纹样（图五、图六；图版一一，1、2）。

正壁主尊佛坐像，通高170、身高87厘米（图版一二，1）。头光残。肉髻略残，螺发。面部丰圆，细眉弯长，双目微合，眼睑低垂，目光投向下前方，鼻梁残损，鼻翼肥大，双唇紧闭，嘴角上扬，下颌残。双耳郭残。颈部阴刻两道蚕纹。上身内着僧祇支，胸前结带，外披双领下垂袈裟，左侧衣角绕过腹前折向身后，袈裟下摆呈三瓣悬垂于座上，衣纹呈阶梯状。左手掌心向上，托一球形物置于左腿之上；右手置于腰际，掌心向外，食指指地，施触地印。结跏趺坐，右足置左腿上。佛座分上下两层，上层为仰莲座，三层莲瓣；下层为八角须弥座。

主尊左侧弟子立像，通高130、身高114厘米（图版一二，2）。圆形头光，上部残损。头顶略残，面部瘦削，额高凸，眼窝深陷，眼球圆凸，直鼻方口，鼻尖略残，双唇紧闭，额头、眼尾、面颊处阴刻皱纹。双耳肥硕，耳垂残损。颈部青筋凸起。内着袒右僧祇支，外披双领下垂袈裟，左侧衣角绕过腹前折向身后。左手掌心向上捧钵于胸前；右手掌心向内，握衣角于腹前。胯向右出，左腿略前伸；右腿直立，风化。跣足立于仰覆莲台上。

主尊右侧弟子立像，通高133、身高116厘米（图版一二，3）。圆形头光，头光左上角残。头顶、额部略残，面部方圆，双目微合，鼻梁残损，双唇紧闭，嘴角上扬，双下巴。双耳肥硕，左耳郭及双耳垂残。颈部阴刻两道蚕纹。内着袒右僧祇支，外披双领下垂袈裟，右侧衣角绕过腹前折向身后，一角搭于左手。双手掌心向内，左手在下，右手在上，握左手一指置于腹前。胯向左出，左腿前伸，右腿直立。跣足立于仰覆莲台上。

主尊左侧菩萨立像，通高149、身高128厘米（图版一二，4）。尖桃形头光。梳高髻，戴三面宝冠，冠正面中部残，冠左后侧饰由一圆环及两周联珠纹组成的纹饰；右后侧饰二素面圆环，冠前束一道箍，宝缯下垂及腰。双耳中部各有一发束横过，波浪形长发覆于两肩。面部方圆，略残，双唇紧闭，嘴角上扬。颈部

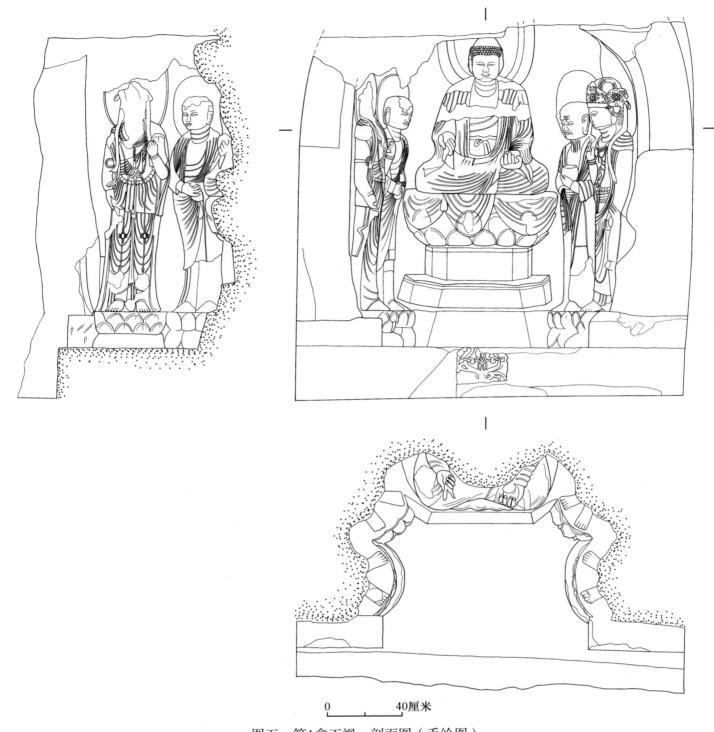

图五　第1龛正视、剖面图（手绘图）

阴刻两道蚕纹。胸前戴由双圆环及两周联珠纹组成的项圈，其下坠两串联珠垂饰。长璎珞自双肩垂下，呈"×"形交于腹前，交叉处饰忍冬纹，相交后分三股下垂，中间一股联珠下坠吊穗，另两股联珠沿双腿下垂至小腿部外撇。一条帔帛自双肩垂下，于腿、膝前横过两道，绕臂后下垂；另有一条帔帛自左肩斜披而下至右胁折向身后，其一角搭于左胸前。上身赤裸，下着长裙，束裙带，结于腹下正中。左手掌心向外，拇指伸展，余四指弯曲，持物垂于体侧，所持之物已残损难辨；右手戴双圆环腕钏，持杨枝上扬于胸侧。胯向右出，右腿直立。左脚略前伸，跣足立于仰莲台上。

主尊右侧菩萨立像，通高144、身高122厘米。头光上部残。头残，宝缯下垂及腰。波浪形长发覆于两肩。胸前戴由三圆环及一周联珠纹组成的项圈，项圈中部有联珠纹及吊穗组成的垂饰。璎珞自双肩处垂下，呈"×"形交于腹前，相交处饰忍冬纹，相交后分两股下垂，至小腿处绕向身后。一条帔帛自双肩处垂下，绕臂后下垂；另有一条帔帛自左肩斜披而下至右胁折向身后，一角搭于胸前。上身赤裸，下着长裙，裙腰外翻。左手戴双圆环腕钏，掌心向内，屈肘持杨枝于胸前；右手戴臂钏，手肘略弯曲，置于体侧。胯左送，左腿直立。右脚略前伸，跣足立于仰莲台上。

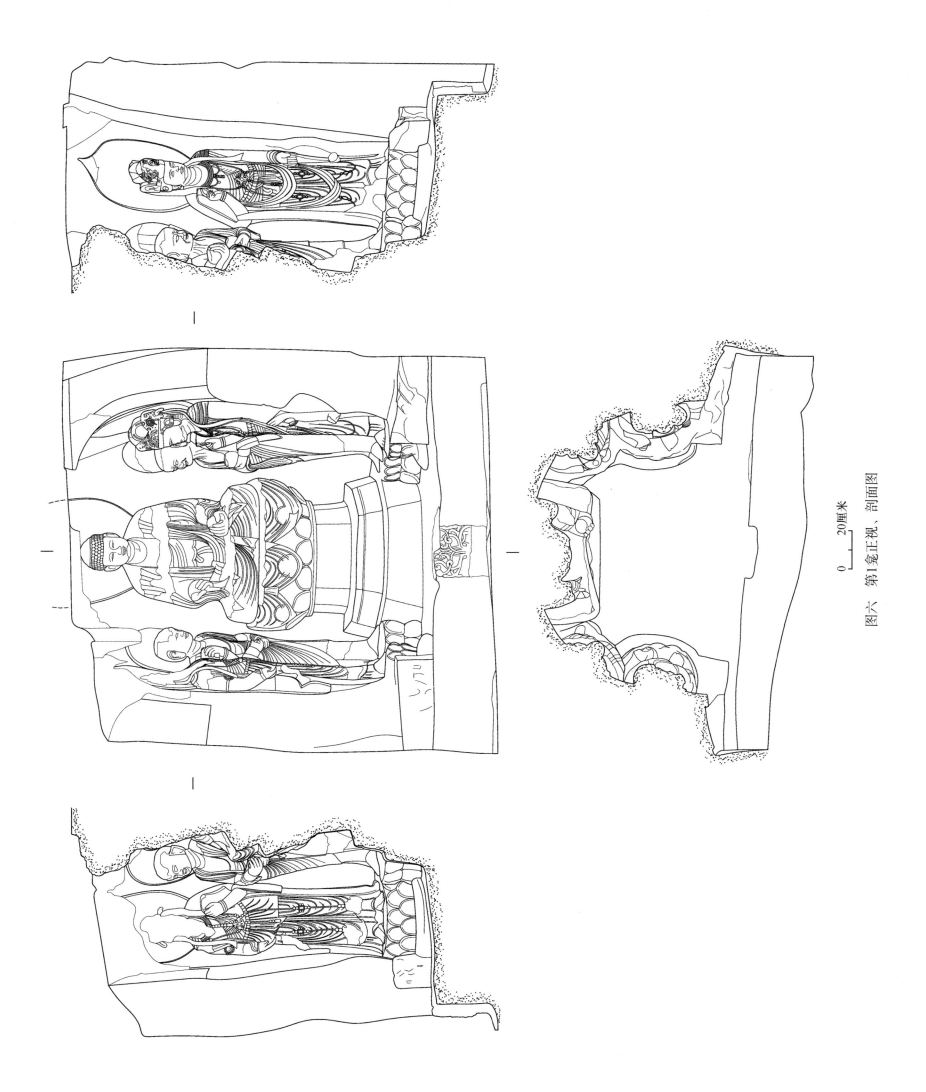

图六 第1龛正视、剖面图

5. 妆修

造像残存绿色、白色、红色、黑色彩绘痕迹，妆彩修补痕迹时代不明。

二、第 2 龛

1. 位置

位于窟群西部上层，第1龛左侧，打破第1、3龛。

2. 龛形

长方形浅龛，右壁略残。

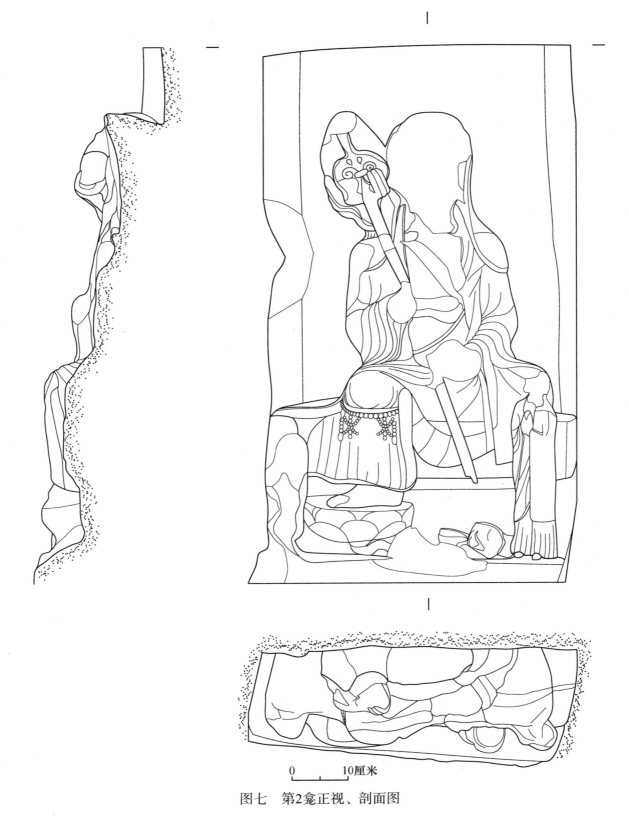

0   10厘米

图七　第2龛正视、剖面图

3. 尺寸

龛高96、宽58厘米。

4. 造像内容

龛内浮雕一身地藏菩萨坐像，台座左右两侧各有一立像（图七；图版一一，3）。

正壁地藏菩萨坐像，通高83、身高83厘米。头部残损，戴及肩披帽。胸前局部残损。着交领式袈裟，衣服下摆悬垂于座上。双手持锡杖置于胸前，右手在上，左手在下，左手掌残，锡杖长73厘米，杖首置头右侧，柄残。左腿盘起，右腿自然下垂踏于带茎仰莲台上，舒相坐于束腰方台上。右膝前饰由一圆环和联珠纹组成的垂饰，其下又饰两周联珠纹串。跣足，脚尖朝右。束腰座前向左伸出一带茎莲蕾。台座左侧立像头残，双手合十于胸前，广袖长衣。右侧立像已漫漶不清。

三、第 3 龛

1. 位置

位于窟群西部上层，第4龛上方。

2. 龛形

长方形龛，平顶，龛顶、壁略残，右龛壁局部被第2龛打破。

3. 尺寸

龛高214、宽355、深47厘米。

4. 造像内容

龛内正壁中央雕一佛二弟子二菩萨，两侧各雕八身罗汉，分上下两层各四身，罗汉座下题记部分有供养人像（图八、图九；图版一三，1）。

正壁中央主尊佛坐像，通高110、身高64厘米（图版一三，2）。尖桃形头光。头及右肩部残，颈部有圆形桩眼。内着袒右僧祇支，胸前系带，外披"U"领袈裟，左侧衣角经胸前及双腿绕于身后，右侧衣角从衣领处折出，衣纹呈阶梯状。左手掌心向内抚于左腿之上，右手残。结跏趺坐于束腰仰覆莲台之上，座分三层，上层为三层仰莲座；中间为八角须弥座和圆台；基座为两层，下为圆台，其上为双层覆莲台，须弥座正面三边刻缠枝花纹。

主尊左侧弟子立像，通高62、身高45厘米。头残。外披双领下垂式袈裟，左侧衣角绕过腹前折向身后，阴刻弧形衣纹。双手合十于胸前，指尖残。双足残，立于山形台上。

主尊右侧弟子立像，通高69、身高47厘米。头顶略残。双眉弯长，左眼微合，右眼残，鼻梁残损，双唇紧闭，嘴角上扬。双耳肥大贴于头侧，右耳郭残。颈部阴刻一道蚕纹。袈裟式样和穿着方式与左侧弟子相同。双手合十于胸前。双足残，立于山形台上。

主尊左侧菩萨立像，通高76、身高61厘米。头残，颈部有圆形桩眼。宝缯垂肩。帔帛自双肩垂下，于双腿前横过两道，向上绕过手腕后自然飘垂。内着圆领僧祇支，肩覆天衣，下着长裙，腰束带于两腿间，下垂

图八　第3龛正视、剖面图（手绘图）

及座，裙腰外翻。双手掌心向上，捧圆盘于胸前，盘内盛放供品。膝部饰联珠吊穗。双足残损，跣足立于双层仰莲圆台上。

主尊右侧菩萨立像，通高76、身高62厘米。头残，颈部有圆形桩眼。宝缯下垂及肩。帔帛及长裙穿着式样与左侧菩萨同。上身内着圆领僧祇支，肩覆天衣。双手残，捧物于胸前。跣足立于双层仰莲圆台上。

左侧上层自右向左第一身罗汉坐像，通高81、身高54厘米。头部、左肩及臂、双腿残，颈部有圆形桩眼。内着交领僧祇支，外披双领下垂袈裟，自左侧绕过腹前折向身后，袈裟下摆垂覆于台上。双手掌心向上相叠于腹前，左手在上，右手在下。台下正中方框阴刻题记，题记右侧雕一壶。

第二身罗汉坐像，通高83、身高58厘米。头部、胸前、右臂及双腿均有残损。袈裟垂覆于台座上，台座上残留联珠。座下正中方框有题记，题记两侧各雕一身供养人，相向而立。左侧供养人，面部残损，躬身向前，双手捧一物，略屈膝，左脚靠后，右脚在前；右侧供养人面部残损，向左侧身直立，双手捧一香炉置于胸前。

第三身罗汉坐像，通高83、身高58厘米。头部残。着双领下垂袈裟，袈裟从左侧绕过胸前折于身后，袈裟悬垂覆于台座两角。双手合十于胸前，手指残。左腿屈起，右腿盘坐。座下正中方框有题记。

第四身罗汉坐像，通高86、身高61厘米。脸瘦长，额头阴刻三道皱纹，眼窝深陷，鼻梁残损，嘴角上扬。双耳肥硕，贴于头侧。颈部青筋凸起。内着交领式僧祇支，外披双领下垂袈裟，衣角从左侧绕过腹前折向身后，袈裟悬垂覆于台座。左手抚于左膝，右手掌心向上握衣角并捧钵。结跏趺坐于山形方台上。台下正中方框有题记，题记右侧雕一壶，壶长颈，鼓肩，弧腹。

右侧上层自左向右第一身罗汉坐像，通高82、身高51厘米（图版一三，3）。头残，双肩略残，颈部有一圆形桩眼。内着交领式僧祇支，外披双领下垂袈裟，袈裟自左肩斜披过腹折向身后，阴刻阶梯状衣纹。左手持一函形物，右手残，置于胸前。结跏趺坐于山形台上，袈裟悬垂覆于台上，台座左上角残缺。台下中部有题记，右侧雕一身供养人立像，头微仰，右手掌心向上捧一物，面朝左侧。

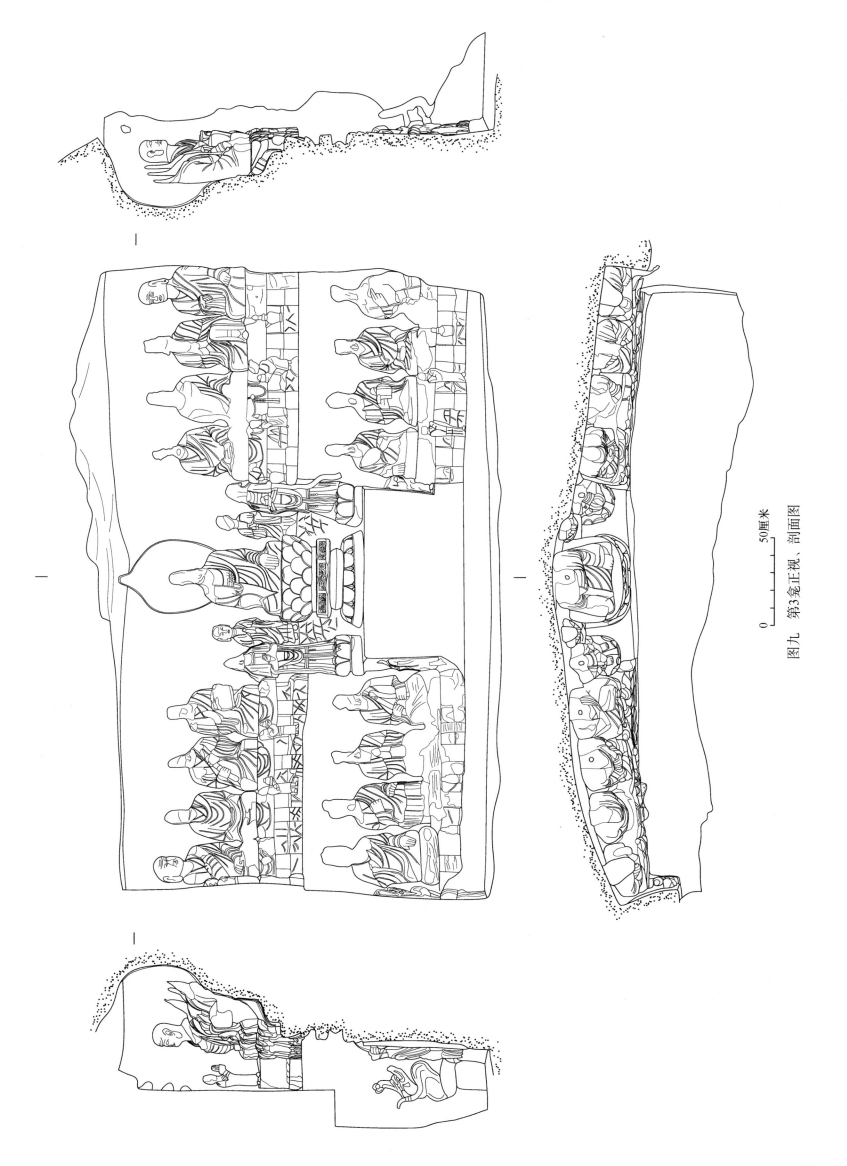

图九 第3龛正视、剖面图

50厘米

0

第二身罗汉坐像，通高77、身高53厘米。头及双肩残，颈部有圆形桩眼。内着交领式僧祇支，外披双领下垂袈裟，阴刻阶梯状衣纹，袈裟悬垂覆于台座上。双手执物于胸前，仅见柄部，左手在上，右手在下。双膝略残，结跏趺坐于山形台上。台下题记右侧雕一身立像，头残，右手掌心向上捧一物，上身左侧。

第三身罗汉坐像，通高74、身高51厘米。头残。内着交领式僧祇支，外披通肩袈裟，袈裟自右向左绕过胸腹部搭于左肩折向身后，"U"形衣纹，袈裟悬垂覆于台上。双手掩于袈裟置于腹前。膝残，结跏趺坐于山形台上，台下正中方框有题记。

第四身罗汉坐像，通高80、身高56厘米。面部圆润，额头阴刻三道皱纹，细眉弯长，眉骨高凸，双目睁开平视前方，鼻梁残，双唇紧闭，脸颊及下颌阴刻皱纹。双耳贴于头侧。颈部青筋凸出。内着交领式僧祇支，外披双领下垂袈裟，袈裟自左向右绕过腹部折向身后，一角自后向前搭于右胸前，阴刻阶梯状衣纹，袈裟悬垂覆于台上。左手掌心向下，托于左膝；右手残，执一物搭于左肩。左膝残，结跏趺坐于山形台上，台下正中方框有题记。

左侧下层自右向左第一身罗汉坐像，通高76、身高51厘米。头残，颈部有圆形桩眼。身着袈裟，袈裟自左肩斜向绕过腹前折向身后，衣纹呈阶梯状。左手执扇置于胸前，右手抚于右膝之上。腿残，结跏趺坐于山形台座上，台下正中方框有题记。台座右侧雕刻一供养人像，头残，双手捧物置于胸前，面左而立。

第二身罗汉坐像，通高78、身高52厘米。头残，颈部有圆形桩眼，右肩残。内着交领僧祇支，外披双领下垂袈裟，袈裟自左肩斜向绕过腹前折向身后。双手捧物置于胸前，手指及所捧之物残损。腿略残，结跏趺坐于山形台上，台座残漶。座下题记右侧雕供养人立像，双手抱物于胸前，面左而立。

第三身罗汉坐像，通高73、身高46厘米。头残，颈部有圆形桩眼。内着交领僧祇支，外披双领下垂袈裟，袈裟自左向右绕过腹前折向身后，阴刻阶梯状衣纹。双手掌心向上叠于腹前置于腿上，右手在上，左手在下。腿部略残，结跏趺坐于山形台上，台残。座下题记右侧雕一供养人立像，头残，双手抱物，面左而立。

第四身罗汉坐像，通高74、身高50厘米。头残，颈部有圆形桩眼，双肩及胸前残漶。披袈裟。左手残损，置于腹前；右手食指、中指伸直，余指弯曲，置于胸前。右腿部分残缺，结跏趺坐于山形台上。座下题记右侧雕刻一长颈鼓腹壶。

右侧下层自左向右第一身罗汉像，通高73、身高53厘米。头残，颈部有圆形桩眼，左肩略残。内着交领僧祇支，外披袈裟，袈裟自左肩绕过腹前折向身后。双手掌心向内执拂尘置于腹前，左手握拂尘尾，右手握拂尘柄。膝部残，结跏趺坐于山形台座上，台座略残。台下中部原有题记，严重风化不可辨。台座左侧雕凿一立像，头及肩部残损，双手拢于胸前，身着广袖长袍。

第二身罗汉坐像，通高72、身高50厘米。头残，颈部有圆形桩眼。身着双领下垂袈裟，广袖下半部残损。双手合十置于胸前。双腿残，结跏趺坐于山形台座上。台座下方中部题记左侧雕刻一壶，已风化。

第三身罗汉坐像，通高78、身高60厘米。头残，颈部有圆形桩眼。内着交领僧祇支，外着袈裟，袈裟自左肩绕过腹前折向身后，衣纹呈阶梯状。左手掌心向下，握念珠置于左膝，右手执物置于胸前，倚坐于山形台座上。台下中部题记左侧雕刻一壶。

第四身罗汉坐像，通高78、身高55厘米。头、颈及左肩、胸前均有残损，身披袈裟，袈裟自左肩绕过腹前折向身后，衣纹呈阶梯状，袈裟一角搭于左肩之上。左手抚左膝，右手残损举于胸前。结跏趺坐于山形台座上，台座略残，台下正中方框有题记。

窟龛右壁下方雕刻一龙，龙目圆睁，嘴张开，龙角、龙须明晰可辨，做腾起状，形象逼真（图版一三，4）。

5. 题记

（1）佛、弟子及菩萨像下方有长方形台，高55、宽96、厚24厘米，正面自左向右阴刻题记，中下部严重风化，题记大多漫漶不清（图一〇）：

遂寕縣清泉……/竊闻採沙取……/布金是感勝……/令狐璋兄弟……/台命抡俞廊……/務助□/國女……/信義抡賢……/真崇知……/能仁教……/狐罹难……/鐫功……開寶肆/年歲次□（辛）未……朔……/表讚……令/狐璋妻□女□□子□氏……長男令狐□/新婦李氏次（男）……令/狐□小女姑……/兄令狐……弟子蒲□（氏）……/男……子蒲□（氏）……/弟令狐……/□家新……/……/師主……討□（護？）沙門□□/管内巡检并……使君□□□/鐫功德近……/沙門清覺□（斋）……彦修

0　6厘米

图一〇　第3龛主尊台座下方题记拓片

（2）主尊左侧上层自右向左第一身罗汉座下正中方框有自左向右阴刻题记三行，高10、宽8厘米（图一一，1）：

第一尊者/令狐璋夫/婦發心造

（3）主尊左侧上层自右向左第二身罗汉座下正中方框有自左向右阴刻题记两行，高9、宽9厘米（图一一，2）：

第二尊□（者）/令狐璋造

（4）主尊左侧上层自右向左第三身罗汉座下正中方框有自左向右阴刻题记三行，高10、宽8厘米（图一一，3）：

第三尊□（者）/令狐璋夫/婦同心造

（5）主尊左侧上层自右向左第四身罗汉座下正中方框有自左向右阴刻题记三行，高10、宽9厘米：

第四尊者/□□□（令狐璋）夫/……

（6）主尊右侧上层自左向右第一身罗汉座下中部有自左向右阴刻题记三行，高8、宽9厘米（图一一，4）：

第五尊/者令狐/璋造

图一一　第3龛罗汉像下题记拓片

（7）主尊右侧上层自左向右第二身罗汉座下中部有自左向右阴刻题记三行，高10、宽8厘米（图一一，5）：

第六尊者/令狐璋夫/妇同心造

（8）主尊右侧上层自左向右第三身罗汉座下正中方框有自左向右阴刻题记三行，高9、宽8厘米（图一一，6）：

第七尊/者令狐/璋造

（9）主尊右侧上层自左向右第四身罗汉座下正中方框有自左向右阴刻题记三行，高9、宽8厘米（图一一，7）：

第八尊/者令狐/璋造

（10）主尊左侧下层自右向左第一身罗汉座下正中方框有自左向右阴刻题记三行，高10、宽10厘米（图一一，9）：

第十三/尊者□（令）/狐璋造

（11）主尊左侧下层自右向左第二身罗汉座下中部有自左向右阴刻题记三行，高9、宽9厘米（图一一，10）：

第十四尊/者令狐/璋造

（12）主尊左侧下层自右向左第三身罗汉座下中部有自左向右阴刻题记三行，高10、宽9厘米（图一一，11）：

第十五尊/者令狐/璋造

（13）主尊左侧下层自右向左第四身罗汉座下中部有自左向右阴刻题记三行，高9、宽9厘米（图一一，12）：

第十六/尊者令/狐璋造

（14）主尊右侧下层自左向右第一身罗汉座下中部题记严重风化不可辨。

（15）主尊右侧下层自左向右第二身罗汉座下中部有自左向右阴刻题记三行，高13、宽10厘米（图一一，8）：

□（第）十□（尊）/□（者）令狐/璋造

（16）主尊右侧下层自左向右第三身罗汉座下中部有阴刻题记，高11、宽8厘米，题记内容残损难辨。

（17）主尊右侧下层自左向右第四身罗汉座下正中方框有自右向左阴刻题记，高10、宽10厘米：

第十二……

6. 粧修

龛内造像部分残损部位可见后世用白灰修补的痕迹。

四、第 4 龛

1. 位置

位于窟群西部下层，第1、2、3龛下方。

2. 龛形

横长方形龛，龛正壁及左右两壁存留凿痕，未打磨平整。

3. 尺寸

龛高98、宽740、深40厘米。

4. 造像内容

已完成供养人造像十六身，西端另有两身未雕凿完成（图一二；图版一四）。

左起第一身身高62厘米。头戴冠，冠顶两侧露出圆形发髻。面部方圆，双目圆睁，鼻梁扁平，双唇闭合，嘴角微微上扬。双耳丰圆，右耳垂残损。身着交领广袖长袍，长袖自然下垂。衣袖刻纵向衣纹，双腿间刻"U"形衣纹。双手拢于胸前。脚着方头履。

第二身身高62厘米。头戴冠，冠顶两侧露出圆形发髻，略残。面部残损难辨。双耳丰圆。身着交领广袖长袍，长袖自然下垂。刻纵向衣纹。左手微抬拢于袖中，右手掌心向上捧球形物。脚着方头履。

第三身身高62厘米。头戴冠，冠顶两侧露出圆形发髻。面部长圆，双目圆睁，鼻梁残损，双唇闭合。双耳丰圆。身着交领广袖长袍，腰间束带，长袖自然下垂。刻纵向衣纹。双手捧长颈瓶置于胸前，左手在上握瓶颈，右手托瓶底。脚着方头履。

第四身身高58厘米。头戴冠，冠顶两侧露出圆形发髻。面部方圆，双目微合，鼻梁扁平，双唇闭合。双耳丰圆，左耳垂略残。身着交领广袖长袍，长袖自然下垂。刻纵向衣纹，双腿间略呈"V"形。双手捧方形物拢于胸前。脚着方头履。

第五身身高59厘米。头戴冠，冠顶两侧露出圆形发髻，右髻略残。面部长圆，略有漶散，双目圆睁，鼻梁扁平，双唇闭合，颏部微凸。双耳丰圆，左耳垂略残。身着交领广袖长袍，腰间束带。刻纵向衣纹。左手轻扶腰带，右手垂于体侧。脚着方头履。

第六身身高61厘米。头戴冠，冠顶两侧露出圆形发髻。面部长圆，略有漶散，双目圆睁，鼻梁扁平，双唇闭合。双耳丰圆，右耳残。身着交领广袖长袍。刻纵向衣纹。左手屈肘置腹前，手握拂尘；右手屈肘置腰际，手掌拢于袖中。脚着方头履。

第七身身高66厘米。头戴披帽，垂覆两肩，头顶及面部残损难辨。身着双领下垂广袖长袍，长袖飘向右侧，腰束带，束带纵向垂于双腿间。刻纵向衣纹。双手合十于胸前，指尖残。

第八身身高66厘米。头戴披帽，垂覆两肩，头顶及面部残损难辨。内着双领下垂长袍，外着半袖披风，腰束带，束带于双腿间下垂及双足。刻纵向衣纹。双手合十于胸前，手掌残损。左膝残。

第九身身高62厘米。头戴披帽，垂覆两肩，头顶及面部残损严重。内着双领下垂长袍，外着半袖披风，腰束带，束带于双腿间自然下垂及双足。刻纵向衣纹。双手合十于胸前，指尖残损。

第十身身高66厘米。头、面部及右肩残损。身着双领下垂广袖长袍，长袖飘向右侧，腰束带，束带于双

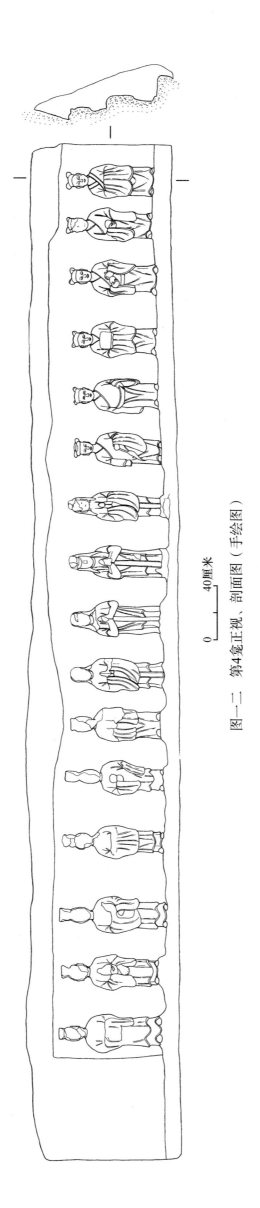

0 ⸺ 40厘米

图一三　第4龛正视、剖面图（手绘图）

腿间下垂及双足。刻纵向衣纹。双手合十于胸前，手掌残。脚着方头履。

第十一身身高62厘米。头、面部、双肩及胸部残损严重。身着广袖长袍。刻纵向衣纹，双腿间呈"V"形。双手置于胸前，手掌残。脚着方头履。

第十二身身高68厘米。头戴高冠，头顶及面部残损严重。身着广袖长袍。刻纵向衣纹。左手稍屈肘上抬于腰侧，右手屈肘执物于胸前。脚着方头履。

第十三身身高70厘米。头戴高冠，头顶及面部残损严重，双肩略残。身着广袖长袍，长袖自然下垂。刻纵向衣纹。双手拢于胸前。脚着方头履，略残。

第十四身身高74厘米。头戴高冠，头顶及面部残损难辨。身着广袖长袍，长袖飘向左侧。刻纵向衣纹。双手捧物置于胸前，右手在上，左手掌心向上托于其下。脚着方头履。

第十五身身高68厘米。头戴高冠，头顶及面部残损难辨。双耳郭丰圆，右耳垂残损。身着广袖长袍，长袖自然下垂。刻纵向衣纹。左手略屈肘置于腹前，右手掌心向上捧物于胸前，所捧之物已残损难辨。脚着方头履。

第十六身身高72厘米。头戴高冠，头顶及面部残损难辨。双耳丰圆，右肩残损。身着广袖长袍，衣袖残损。刻纵向衣纹。双手拢于胸前。脚着方头履。

五、第 5 龛

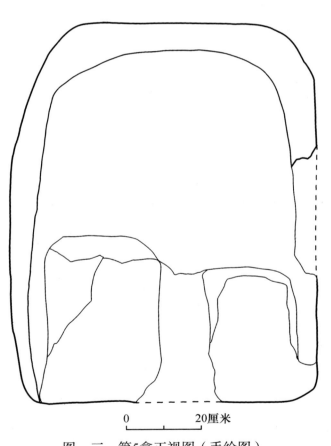

0   20厘米

图一三　第5龛正视图（手绘图）

1. 位置

位于窟群西部上层，第3龛左侧。

2. 龛形

拱形龛。

3. 尺寸

龛高108、宽85、深18厘米。

4. 造像内容

空龛，未雕凿成形（图一三；图版一五，1）。

5. 后世遗迹

有一沟槽自上而下打破该龛。

六、第 6 龛

1. 位置

位于窟群西部上层，第5龛左侧。

2. 龛形

方形龛，平顶，龛壁略残。龛顶有斜向凿痕，龛壁有大量敲凿凹点，做工粗糙。

3. 尺寸

龛高97、宽96、深33厘米。

4. 造像内容

龛内雕两身地藏菩萨坐像，两像侧身相对而坐（图一四；图版一五，2）。

左侧地藏菩萨坐像，通高76、身高64厘米。头戴披帽及肩。方圆脸，细眉弯曲，双目微合，鼻梁扁塌，双唇紧闭，嘴角上扬。身着交领袈裟，阴刻纵向衣纹。左手持锡杖置于胸前，锡杖长78厘米，未雕凿完成；右手屈肘横置腹前。左腿下伸，右腿盘起，半跏倚坐于方台上。跣足。

右侧地藏菩萨坐像，通高74、身高66厘米。头及右肩、胸部残，头戴披帽及肩。身着交领袈裟，阴刻衣

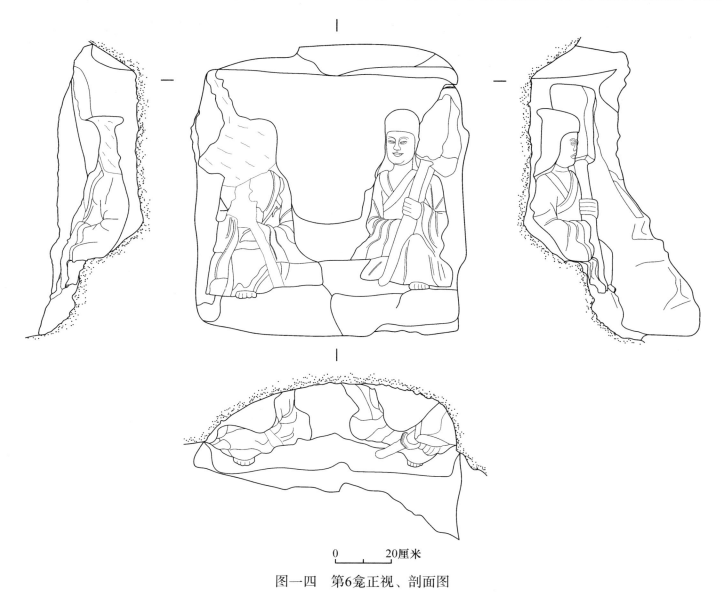

0　　　　20厘米

图一四　第6龛正视、剖面图

纹。双手持锡杖于胸前，锡杖大部残损，仅剩柄部末端，右手在上，左手在下。左腿盘起，右腿自然下垂，半跏倚坐于方形台上。跣足。

七、第 7 龛

1. 位置

位于窟群西部中层，第6龛下方，打破第8龛右龛壁。

2. 龛形

长方形龛，平顶，顶及右壁残。

3. 尺寸

龛高94、宽127、深27厘米。

4. 造像内容

龛内雕三身地藏菩萨坐像，正、左壁相交处另刻一身立像，高43厘米，残损严重，仅见轮廓（图一五；图版一六，1）。

中间地藏菩萨坐像，通高79、身高51厘米。头残，右肩及胸前残损，颈部有一圆形桩眼。着交领式袈裟，一衣角自右胁折向身后返搭于左肩。左手掩于袈裟内，右手掌心向上捧一球形物于胸前。结跏趺坐于方形台上，台残。

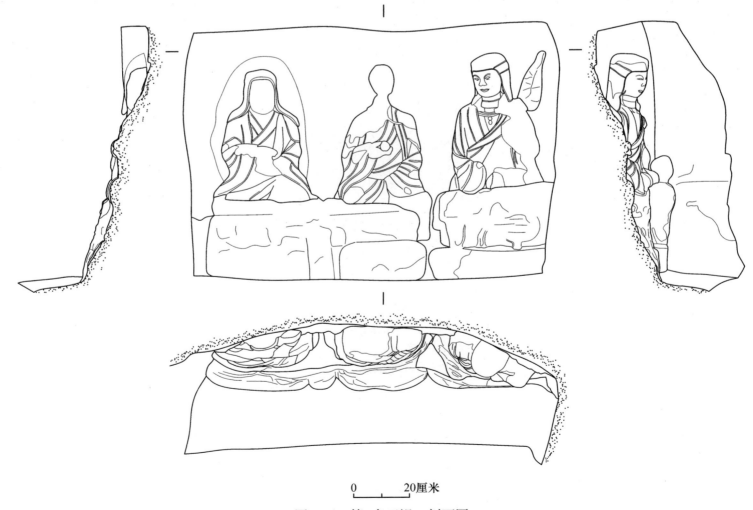

0 ____ 20厘米

图一五　第7龛正视、剖面图

左侧地藏菩萨坐像，通高83、身高52厘米（图版一六，2）。头戴披帽及肩，披帽中部束带。面部丰圆，细眉弯长，小眼，鼻梁微残，鼻翼肥大，双唇闭合，嘴角上扬。颈部阴刻两道蚕纹。戴项圈，内着交领僧祇支，外着交领式袈裟。双手持物于胸前，左手残损。结跏趺坐于方形台座，方台正面凿一壶门。

右侧开浅龛，龛内雕一身地藏菩萨坐像，通高76、身高48厘米。头戴披帽及肩。面部方圆，模糊不清。内着交领式僧祇支，外着双领下垂式袈裟。双手置于胸前，右手在上，左手在下，相向捧物，风化不可辨。结跏趺坐于方形台座上。

5. 题记

龛左壁自左向右竖向阴刻题记六行①，高50、宽22厘米（图一六）：

0 ├────┼────┤ 6厘米

图一六　第7龛左壁题记拓片

<hr />

① 在整理报告资料时，多名作者反复对题记拓片和照片进行研读，发现在简报中对题记释读方向有误，特此更正。见《重庆潼南千佛寺摩崖造像清理简报》，《考古》2013年第12期。

地藏菩萨一身弟子彭彦朗/環为亡母謝氏镌造/金身地藏菩萨共两身弟子彭/□夫婦镌造以开寶三年□□（岁次）□（庚）/□（午）□□（月）已巳朔日设斋表□□（讚記）/……

八、第 8 龛

1. 位置

位于窟群西部中层，第7龛左侧，右龛壁被第7龛破坏，外龛右侧及内龛龛口右壁纹饰被破坏。

2. 龛形

长方形双重龛。外龛为长方形；内龛为拱形，平面近半圆形。龛左侧、底、右侧面残。内龛龛口边沿饰一周联珠纹，联珠纹外左侧中部、顶部浅浮雕三叶形装饰，叶内承托一颗宝珠，边缘饰一周联珠纹，再外为尖拱形宽边，尖拱延伸至外龛顶部。

3. 尺寸

外龛高76、宽63、深24厘米，内龛高47、宽43、深20厘米。

4. 造像内容

内龛雕一佛二弟子二菩萨，外龛左右各雕一力士，中部下端雕有一对狮子（图一七；图版一六，3）。

正壁主尊佛坐像，通高42、身高28厘米。尖桃形头光。馒头形高肉髻。面部漫漶不清，大耳垂肩。颈部

0 ____ 10厘米

图一七 第8龛正视、剖面图（手绘图）

阴刻两道蚕纹。上身内着袒右僧祇支，胸前束带，外披双领下垂袈裟。双手略残，左手屈肘置体侧，右手抚左腿。右腿膝盖残，结跏趺坐于方形须弥座上。

主尊左侧弟子像，通高37、身高33厘米。圆形头光。头残，头顶有一圆形物，仅见轮廓。腹部以上残损严重，现仅可见身体轮廓。内着僧祇支，双手似交于胸前，立于一圆台上。

主尊右侧弟子像，通高39、身高34厘米。圆形头光。像身残损，漫漶不清，立于圆形台座上。

主尊左侧菩萨像，通高37、身高33厘米。尖桃形头光。头顶有一圆形物，仅见轮廓，残损严重，大致可见身体轮廓。着长裙，立于台座上，台座残损严重。

主尊右侧菩萨像，通高36、身高32厘米。尖桃形头光。像身残损严重，漫漶不清。

外龛左侧力士残损严重，大致可见四肢轮廓，左手上举，右手触及内龛底部。左腿直立，右腿略前伸。右侧力士残缺不可辨。狮子仅见足部，其余不存。

5. 妆修

主尊上身残存绿色彩绘痕迹。

九、第 9 龛

1. 位置

位于窟群中部中层，第8龛左侧，龛左壁局部被第10龛打破。

2. 龛形

竖长方形龛，平顶。

3. 尺寸

龛高85、宽38、深28厘米。

4. 造像内容

龛内雕一身观音菩萨立像（图一八；图版一七，1）。

观音菩萨立像通高75、身高67厘米（图版一七，2）。尖桃形头光。头绾高髻，戴宝冠，冠正中雕化佛一尊。双耳过半处各有一发辫横过，绕向脑后，宝缯自后背自然下垂搭于两肩，发辫垂覆两肩。面部丰圆，细眉弯长，双眼微合，鼻梁扁平，鼻尖残损，双唇闭合，嘴角上扬。双耳丰满。颈部阴刻三道蚕纹。胸前戴联珠纹项圈。长璎珞自双肩垂下，呈“×”形交于腹前，交叉处饰联珠圆环纹，璎珞下垂至小腿处绕向身后。一条帔帛自左肩斜披至右胁折向身后，再由左胁穿出，一角搭于胸前；另有一条帔帛自左肩垂下，于腹、膝部横过两道，绕臂下垂于体侧。上身赤裸，下着长裙，束裙带，结于腹下正中。左手自然下垂，掌部残；右手残损，屈肘举杨枝于体侧。胯向右出，双腿直立于方座圆台上。

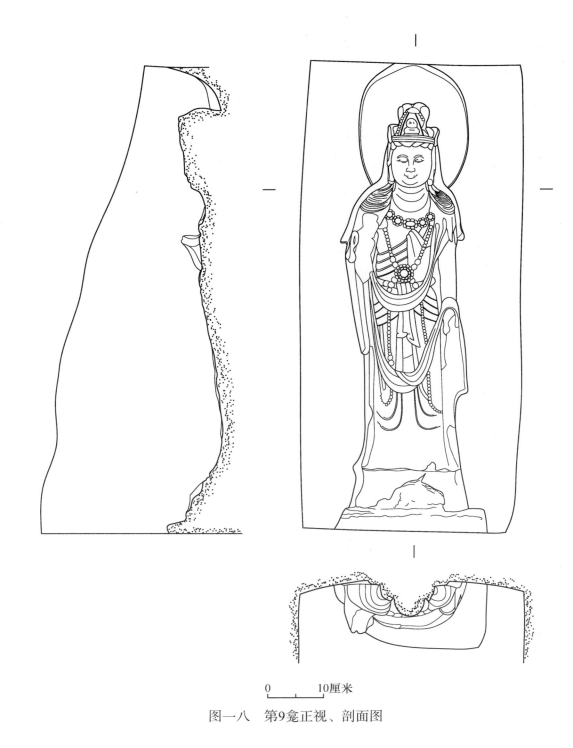

0   10厘米

图一八　第9龛正视、剖面图

十、第 10 龛

1. 位置

位于窟群中部中层，第9龛左下侧，打破第9、14龛。

2. 龛形

竖长方形浅龛，龛顶残，无左右侧壁。

3. 尺寸

龛高41、宽22、深7厘米。

4. 造像内容

龛内雕一身观音菩萨立像（图一九；图版一七，3、4）。

正壁菩萨立像通高36、身高33厘米。尖桃形头光，内饰一周联珠纹和三朵花朵。头绾高髻，发辫及宝缯垂覆两肩。面部漶散难辨，身体大部分风化严重。帔帛绕臂下垂于体侧。上身赤裸，下着长裙，裙腰外翻。左手残，右手持物自然下垂，掌部残。胯略右出，双腿直立于圆台上，双足、圆台残。

5. 题记

菩萨左侧平面竖向阴刻题记，高14、宽3.5厘米（图二〇）：

令狐小娘子

图一九　第10龛正视、剖面图（手绘图）

图二〇　第10龛题记拓片

十一、第 11 龛

1. 位置

位于窟群中部下层，第9龛下方，打破第17龛。

2. 龛形

竖长方形龛，龛顶残。

3. 尺寸

龛残高89、宽68、深13厘米。

4. 造像内容

龛内雕两身观音菩萨立像（图二一；图版一八，1）。

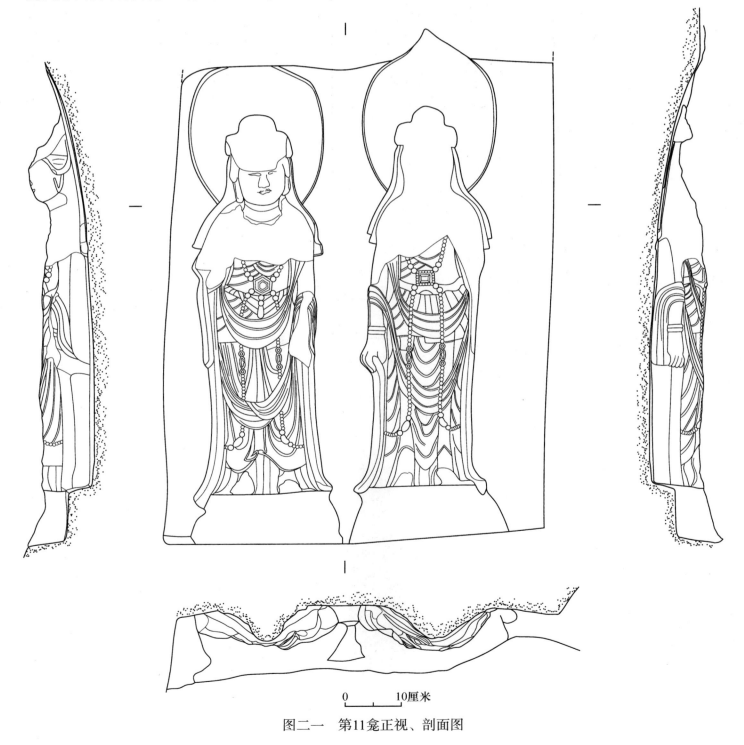

图二一　第11龛正视、剖面图

左侧菩萨立像通高80、身高70厘米（图版一八，2）。尖桃形头光。胸部以上残，宝缯垂肩。颈部有圆形桩眼。两条璎珞自双肩垂下，呈"×"形相交于腹前，交叉处饰联珠纹方扣，璎珞自然下垂至小腿处折向身后。一条帔帛从左肩斜披至右胁，绕向身后从左胁伸出搭于胸前；另有一条帔帛自右肩垂下，于腹、膝部横过两道，绕臂腕后自然下垂。下着长裙，裙腰外翻，衣纹呈"U"形。左手残损；右手戴圆环腕钏，手提帔帛，自然下垂于体侧。胯左出，双腿直立于圆形台座上，台座残。

右侧菩萨立像通高80、身高70厘米。尖桃形头光，桃尖处残损。额头以上残损，头戴高冠，宝缯垂肩。双目微合，鼻梁残损，双唇闭合，嘴角上扬。双耳长圆，耳郭上半部覆有发束，左耳垂残。颈部有两道蚕纹。胸及双肩残。两条璎珞自双肩垂下，呈"×"形交叉于腹前，相交处饰有六边形扣，相交后分三股下垂，中间一股联珠下坠吊穗，另两股联珠沿双腿下垂至小腿处折向身后。一条帔帛从左肩处自左向右绕过右胁折向身后；另有一条帔帛自左肩处垂下，于腹、膝前横过两道，绕过臂腕后自然下垂。下着长裙，裙腰外翻。左手残损，自然下垂；右手屈肘，执物，掌部及所执之物残损难辨。胯右出，双腿直立于圆形台座上，双足、台座残。

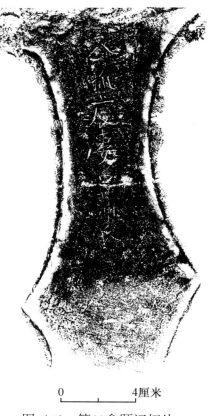

0 ———————— 4厘米

图二二　第11龛题记拓片

5. 题记

两身菩萨立像头光之间竖向阴刻题记，高20、宽6厘米（图二二）：

令狐庆妻□蒲氏

十二、第 12 龛

1. 位置

位于窟群中部下层，第22、26龛之间。

2. 龛形

竖长方形龛，残，应是利用左右两龛的狭窄空间开凿。

3. 尺寸

龛残高38.4、宽17厘米。

4. 造像内容

龛内雕一身立像，现仅可见足部残迹，其余残不可识，有帔帛下垂及座，立于圆台之上，圆台残破（图二三；图版一八，3）。

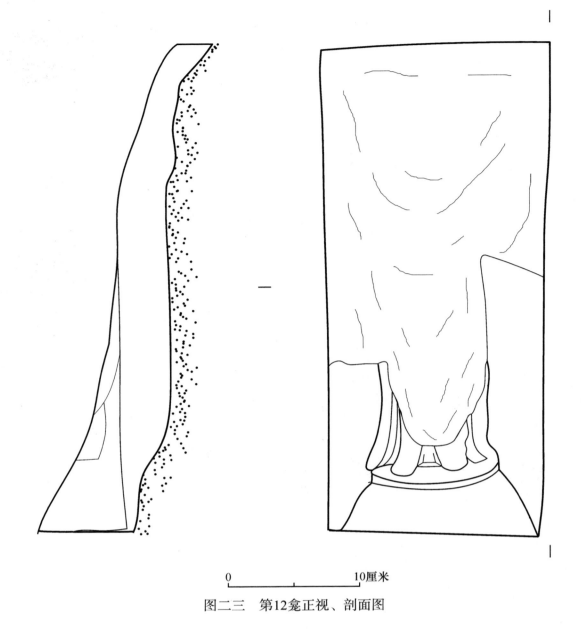

图二三　第12龛正视、剖面图

0 ———————— 10厘米

十三、第 13 龛

1. 位置

位于窟群中部上层，第19龛右侧。

2. 龛形

双重龛。外龛为长方形，左龛壁下部、右龛壁上部、顶部残；内龛为屋形龛，顶略残，龛楣呈双重檐，下层屋檐上浮雕花蔓纹。

3. 尺寸

外龛残高126、宽122、深78厘米，内龛高56、宽54、深41厘米。

4. 造像内容

屋形龛内无造像，龛底中部靠后的地面上有一直径5、深4厘米的圆形孔洞（图二四、图二五；图版一九，1）。

内龛外壁两侧各雕一身天王。左侧天王残高36厘米。头部残，颈部有圆形桩眼。上半身作右侧腰状，上身着铠甲，下着甲裙。左手持物于体侧，右手小臂不存。胯左出，双腿分开，左腿直立，右脚略前送外撇，

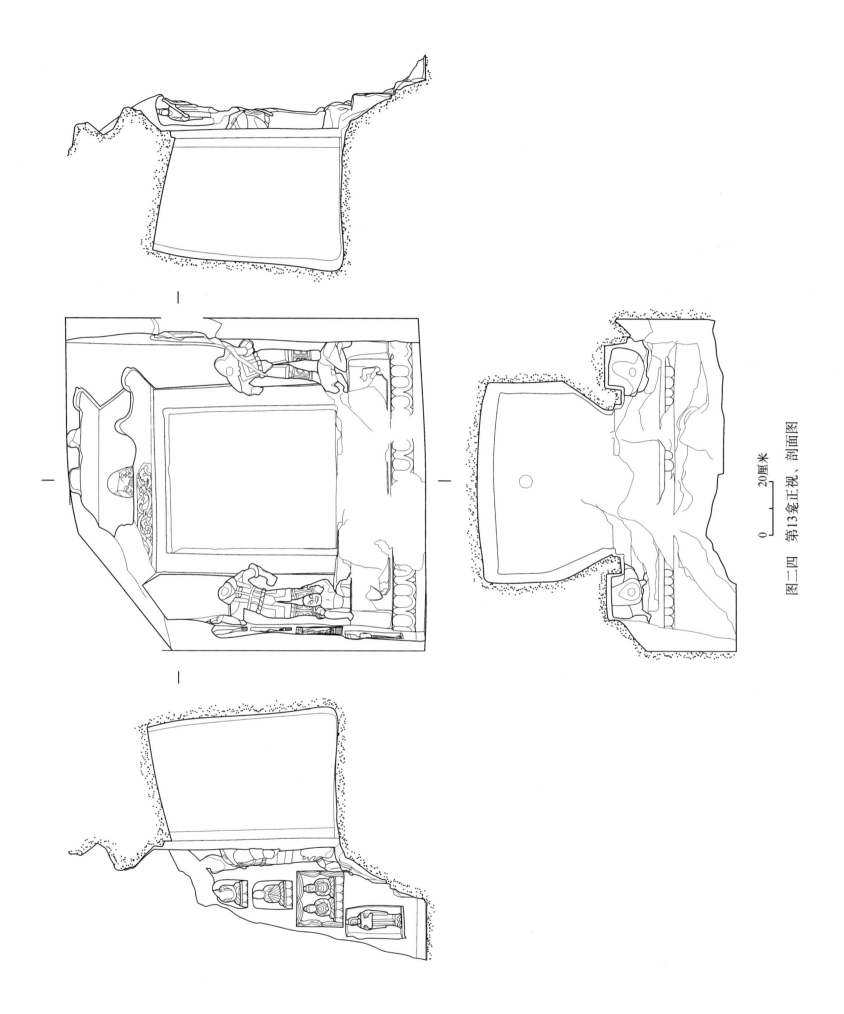

图二四　第13龛正视、剖面图

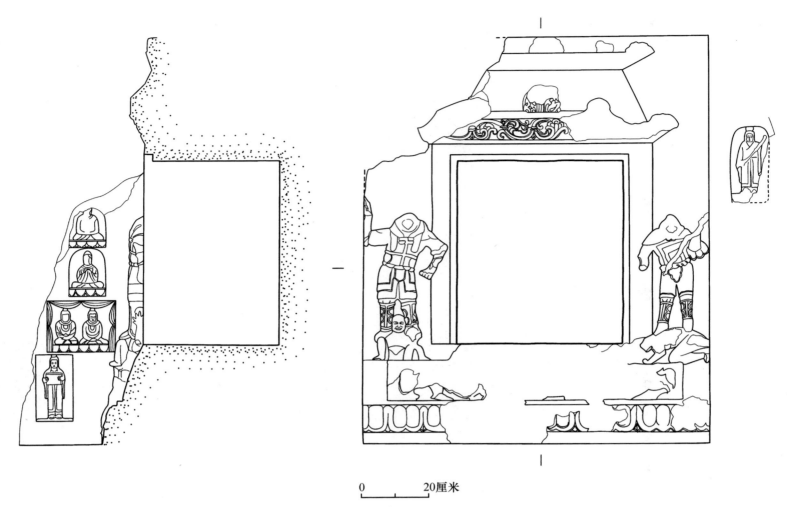

图二五　第13龛正视、剖面图（手绘图）

双足着战靴，足下踩一药叉。药叉做匍匐状，头部残。右侧天王残高36厘米（图版一九，2）。头部残，颈部有一圆形桩眼。上半身作左侧腰状，上身着铠甲，下着甲裙。左手握拳于体侧，右手屈肘托物上举。双腿分开，双足着战靴，踩于药叉肩上。药叉蹲坐，双目圆睁，双唇肥厚，双手托起天王。龛前下方两侧各雕一身狮子，残损严重，仅见其后腿，再下为复瓣覆莲台。

外龛左壁塌落，上部开一小浅龛，龛高24、宽11厘米。龛内雕一身菩萨立像，菩萨双手持物于胸前，身高21厘米。

外龛右侧壁从上至下开四层小浅龛（图版一九，3）。从上至下第一层为拱形龛，残高12、宽11厘米。龛内雕一身坐佛，残高12厘米。头部残，着通肩袈裟，施禅定印，结跏趺坐于方形覆莲台上。第二层拱形龛，龛高15、宽11厘米。龛内雕一身坐佛，通高14、身高11厘米。头部残，着通肩袈裟，双手拢于胸前，结跏趺坐于方形覆莲台上。第三层长方形龛，龛楣及左右侧壁雕帷幔，龛高16、宽21厘米。内雕两身坐佛，通高13、身高11厘米。高肉髻，左侧佛像弯眉细目，直鼻方口，右侧佛像面部风化不可辨。着通肩袈裟，胸前形成"U"形衣纹。双手施禅定印，结跏趺坐于方形覆莲台上。第四层竖长方形龛，龛高21、宽11厘米。龛内雕一身菩萨立像，通高20厘米。高肉髻，面相方圆，弯眉，塌鼻。双手持经匣于胸前，双腿并拢直立于方台上。

5. 题记

内龛两侧龛柱上阴刻文字（图二六）：

（1）左柱题记高26、宽6.5厘米，刻：

　　王居士造

（2）右柱题记高6、宽7厘米，刻：

　　王

1

2

0 _____ 4厘米

图二六　第13龛题记拓片
1. 左柱　2. 右柱

十四、第 14 龛

1. 位置

位于窟群中部中层，第13龛下方，被第10龛打破。

2. 龛形

方形双重龛。外龛为方形龛，顶残；内龛为拱形龛，平面近半圆形。内龛边缘由内向外饰一周联珠纹、卷草纹和素面环；龛上部中央卷草纹间饰一宝珠，周饰一周联珠纹；龛左上侧卷叶纹间饰一坐佛，跌坐于仰莲台上，周饰一周联珠纹。

3. 尺寸

外龛高78、宽78、深43厘米，内龛高51、宽58、深28厘米。

4. 造像内容

内龛雕一佛八菩萨，内龛口左右两侧各雕一身力士，内龛口底部雕五身小造像（图二七、图二八；图版二〇，1、2）。

正壁主尊佛坐像，通高40、身高27厘米。尖桃形头光，佛头后头光上饰两层莲瓣纹，莲瓣上靠近桃尖

图二七 第14龛正视、剖面图

图二八　第14龛正视、剖面图（手绘图）

处饰一颗宝珠。高肉髻，面部残，大耳。着袒右袈裟，衣纹呈弧形，双腿前呈"U"形。左手断裂，右臂不存，结跏趺坐于束腰圆台上。

主尊左侧菩萨自左向右第一身立像，通高35、身高31厘米。尖桃形头光。头戴冠，冠残，发辫垂肩。面部残损。颈部有两道蚕纹。胸前戴圆环项圈。一条帔帛自左肩斜披至右胁，再从左胁穿出，一角搭于胸前；另有一条帔帛通覆两肩，在腿前横过两道，其末端绕手腕后下垂及座。上身赤裸，下着长裙，腰束带，裙腰外翻。左手下垂于体侧，右手上举于胸前。跣足，立于圆形覆莲台上。

第二身菩萨立像，通高35、身高31厘米。圆形头光。头戴宝冠，发辫覆于两肩。面部残损。颈部有三道蚕纹。胸前戴项圈，中部垂饰一颗宝珠。两条璎珞自双肩处垂下，呈"×"形相交于腹前，相交处饰宝珠，相交后下垂至小腿处折向身后。一条帔帛通覆两肩，在腿前横过一道。上身赤裸，下着长裙，腰束带，裙腰外翻。双手合十于胸前。双足残，立于圆台上。

第三身菩萨立像，通高38、身高34厘米。尖桃形头光。头绾高髻，戴高冠，宝缯下垂及肩。面部残损。颈部有两道蚕纹。胸前戴项圈。一条帔帛自左肩斜披至右胁；另有一条帔帛通覆两肩，在腿前横过两道，其两端向上绕过手臂后下垂及座。上身赤裸，下着长裙，腰束带，腰带垂于两腿间，裙腰外翻。左手自然下垂，手握披帛于体侧，右手屈肘抚胸前。立于莲台上，足部、台基残。

第四身菩萨立像，通高38、身高33厘米。圆形头光。头绾高髻，发辫覆于两肩。面残不可辨。胸前戴联珠纹项圈。两条璎珞自双肩处垂下，在腹前呈"×"形相交，后下垂至小腿处折向身后。一条帔帛自左肩斜披至右胁；另有一条帔帛自双肩垂下，在腿前横过两道，向上绕双臂后下垂。上身赤裸，下着长裙，腰束带，裙腰外翻。左手微屈置腹前，右臂下垂。双足残，立于台座上，台座残。

主尊右侧菩萨自左向右第一身立像，通高39、身高33厘米。圆形头光。头部残损，绾高髻，戴宝冠，宝缯下垂及肩。一条帔帛自右肩斜披而下，在左腰际折向身后；另有一条帔帛在腿前横过一道。上身赤裸，残损，下着长裙，腰束带，裙腰外翻。双手下垂于体侧。双腿直立于台上，双足、台座残。

第二身菩萨立像，通高40、身高34厘米。尖桃形头光。梳高髻，发辫覆于两肩。面部漶散不清。颈部有两道蚕纹。左肩残。两条璎珞自双肩处垂下，在腹前呈"×"形相交，相交处饰宝珠，后下垂至小腿处折向身后。一条帔帛从左肩处斜披而下，绕向身后；另有一条帔帛自双肩处下垂，在腿前横过一道，其两端绕臂后下垂及座。上身赤裸，下着长裙，腰束带，裙腰外翻。左手自然下垂，掌心向内，握帔帛一端于体侧；右手屈肘于胸前。双足残，立于台座上。

第三身菩萨立像，通高34、身高30厘米。圆形头光。梳高髻，戴冠，宝缯下垂及肩。面部残损。胸前戴项圈。一条帔帛自左肩向右斜披而下，绕过背后，其一端搭于胸前；另有一条帔帛自双肩下垂，在腿前横过两道，末端垂于体侧。上身赤裸，下着长裙，腰束带，裙腰外翻。双手握拂尘，左手在上，右手在下。双足残，立于台座上。

第四身菩萨立像，通高34、身高30厘米。尖桃形头光。头部残损严重，梳高髻，发辫覆于两肩。颈部有两道蚕纹。胸前戴联珠纹项圈。两条璎珞自双肩处垂下，于腹前呈"×"形相交，相交处饰团花纹，下垂至小腿处折向身后。一条帔帛自左肩斜披至右胁，绕身后从左胁伸出，一角搭于胸前；另有一条帔帛自双肩垂下，在腿前横过两道，其两端绕臂后下垂及座。上身赤裸，下着长裙，腰束带，裙腰外翻。左手自然下垂，提瓶；右手屈肘上举于胸前，局部残。跣足立于覆莲台上。

龛口左侧力士立像，通高36、身高33厘米（图版二〇，3）。圆形头光。头残，颈部青筋暴起，胸部及腹部肌肉鼓起，双乳凸出。下着战裙，腰束带，裙腰外翻。一条帛带绕过双臂，随风飘扬，在头后形成一个圆环，其两端绕过腰带后，作飘扬状垂于台上。左手上举至头侧，握一物；右手略外伸，下垂于体侧，握帛带。上身右倾，胯左出，左腿直立，右腿右前伸，立于山形台座上。

右侧力士立像，通高37、身高32厘米。圆形头光。梳高髻，戴三角形冠。面部风化不清。穿着与左侧力士相同，身姿方向与左侧力士相对。

内龛底部龛口从左往右第一身像，面部风化不清。着护肩，下身着战裙。左手略前伸，握戟，右手屈肘抚右腿。左腿微屈左撇，右腿右斜伸，坐于山形台上。

第二身像衣着和坐姿与第一身像相同。左手屈肘置左腿上，右手斜伸置右膝上，双手持棍形物。

第三身像头部残损。双手拱于胸前，杵一棍形物，作站立状。

第四身像头部残损。赤裸上身，下着战裙。双手屈肘向上，握棍形器，上粗下细。左腿略前伸，右腿略屈，坐于山形台上。

第五身像头部残损。上身赤裸，肌肉凸出，下着战裙。左臂屈肘抚左膝；右手前伸，掌心向下，杵一棍形物。左腿左斜伸，右腿屈膝右撇，坐于山形台上。

5. 粧修

内龛壁面上有黑色彩绘，雕像身体局部有白灰修补痕迹。主尊佛坐像衣纹残留有蓝色彩绘痕迹，头光靠近顶部有红色彩绘，左手、衣服及台基均用白灰修补。主尊左侧自左向右第三身菩萨颈部及足部用白灰修补，身体部分涂白灰，上着绿彩，裙上残存蓝彩。主尊左侧自左向右第四身菩萨双足处用白灰修补。

十五、第 15 龛

1. 位置

位于窟群中部中层，第10龛左下方。

2. 龛形

圆拱形浅龛，龛右侧壁及下方残。

3. 尺寸

龛高16、宽11、深3厘米。

4. 造像内容

龛内雕一身坐佛（图二九；图版二一，1）。

坐佛身高14厘米，高馒头形磨光肉髻，面部残损。身体漶散，结跏趺坐。

5. 粧修

龛壁、佛像表面涂白灰，剥落严重。

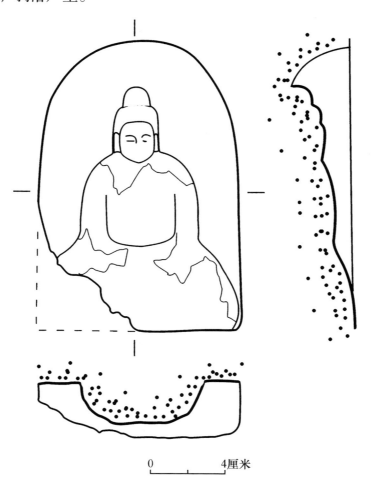

0 ————— 4厘米

图二九　第15龛正视、剖面图（手绘图）

十六、第 16 龛

1. 位置

位于窟群中部中下层，第14龛下方。

2. 龛形

长方形龛，平顶，龛壁残损严重。

3. 尺寸

龛高35、宽60、深15厘米。

4. 造像内容

龛内雕四身立像，靠近右壁处留有一段空白（图三〇；图版二一，2）。
有尖桃形头光，立像均残不可识，仅大致可见身体轮廓，立于圆台上。

5. 粧修

龛内壁面上涂白灰，龛底部白灰上涂深红色彩绘。

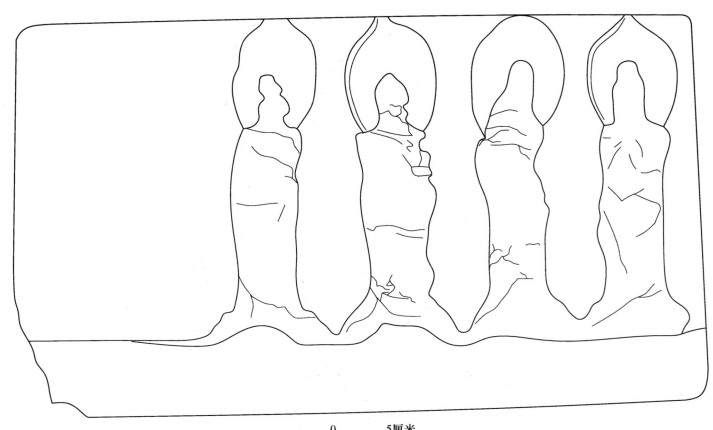

0   5厘米

图三〇　第16龛正视图

十七、第 17 龛

1. 位置

位于窟群中部下层，第11龛左侧，右龛壁被第11龛打破，左上角龛壁被第16、18龛打破。

2. 龛形

竖长方形龛，平顶，龛顶、左侧壁残。

3. 尺寸

龛高97、宽61、深23厘米。

4. 造像内容

龛内雕两身观音菩萨立像（图三一、图三二；图版二二，1）。

左侧观音菩萨立像，通高83、身高72厘米（图版二二，2）。尖桃形头光。头戴三叶宝冠，冠顶及正面中部残损，额头及两侧饰圆环、联珠及细发辫，宝缯自脑后由双肩垂下，搭于胸前，发辫覆于两肩。面部丰圆，细眉弯长，双目微合，左眼残损，鼻梁扁平，左侧鼻翼残损，双唇闭合，嘴角上扬。阔耳，左耳略残，耳朵上半部分覆有发束。颈部有两道蚕纹。胸前戴项圈，项圈由两周圆环、一周联珠纹、一周花瓣纹组成，正中有三颗串珠垂饰。两条璎珞自双肩垂下，呈"×"形相交于腰前，交叉处饰六边形联珠纹样，璎珞下垂至小腿处外撇。一条帔帛自左肩向右斜披，于右胁绕向身后；另有一条帔帛自双肩垂下，绕过双臂后下垂于体侧。上身赤裸，下着长裙，腰间束带，结于腹前，裙腰外翻，双腿间垂下两条细带，带上系圆环，衣纹呈"U"形。左肩及左臂残损，右手略斜伸，戴腕钏，掌部残损。胯略左送，双腿直立，跣足立于圆形台座上，足、台座残。

右侧观音菩萨立像，通高85、身高75厘米（图版二二，3）。尖桃形头光。头戴三叶宝冠，额头及两侧饰圆环、联珠及细发辫，宝缯自脑后由双肩垂下，搭于胸前，发辫覆于两肩。面部丰圆，细眉弯长，双眼微睁，鼻梁扁平，双唇闭合，嘴角上扬。双耳长圆，耳朵上半部分覆有发束，耳垂略残。颈部阴刻两道蚕纹。胸前戴项圈，项圈由双圆环、一周联珠纹、一周花瓣纹组成，其下有一圆珠垂饰。两条璎珞自双肩垂下，呈"×"形相交于腰前，交叉处饰六边形联珠纹样，其下有联珠吊穗，相交后璎珞下垂至小腿处外撇。一条帔帛从左肩处自左而右披下，于右胁下绕向身后，一端呈半月形搭于胸前；另有一条帔帛自双肩处垂下，绕过上臂、手腕后下垂于体侧。上身赤裸，下着长裙，腰束带，裙腰外翻，衣纹呈"U"形。左手自然下垂，掌部残损，右手残缺。胯右出，双腿直立，跣足立于圆形台座上，右足前掌、台座残。

5. 题记

（1）两身菩萨像头光之间有竖刻题刻一行，长23、宽13厘米（图三三，1）：

　　□男令狐彦新婦蒲氏

（2）龛右壁有自左向右竖向阴刻题记六行，长29、宽16厘米（图三三，2）：

　　敬再桩救苦菩萨一龛/□（六？）身弟子令狐慶先为遭/雁乱将领眷属在院停泊慈/悲□□菩萨以

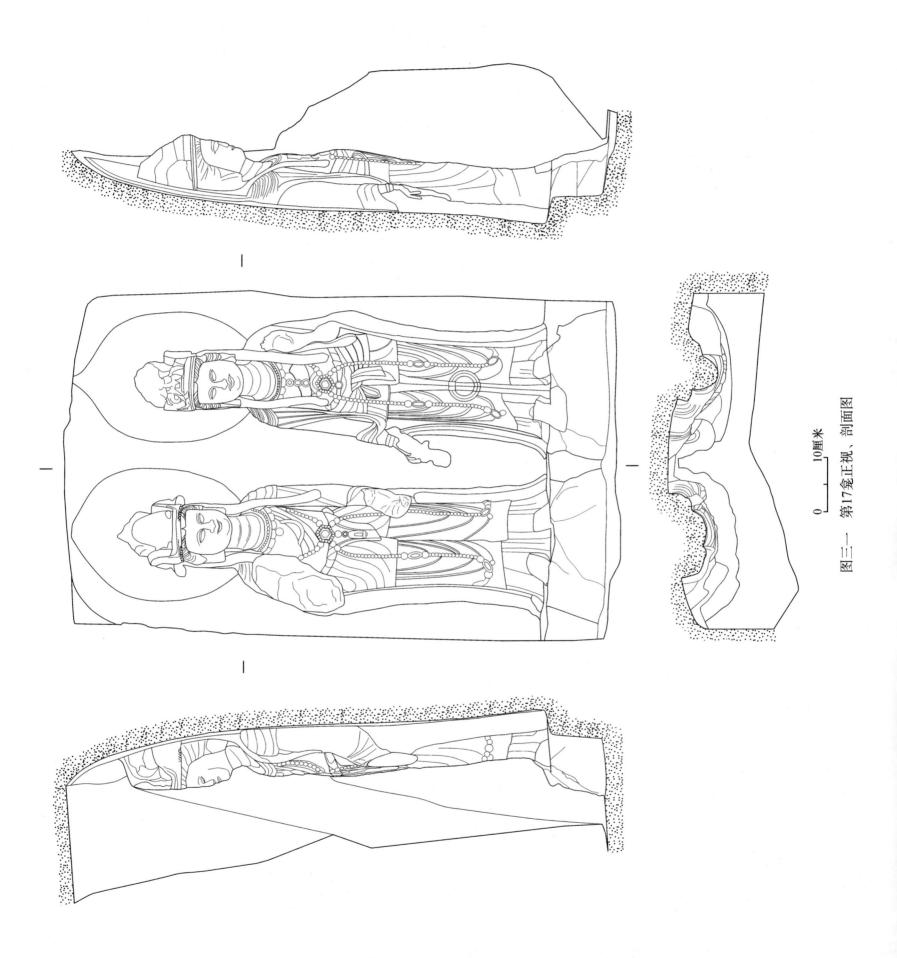

图三一　第17龛正视、剖面图

0 ⎯⎯⎯⎯ 10厘米

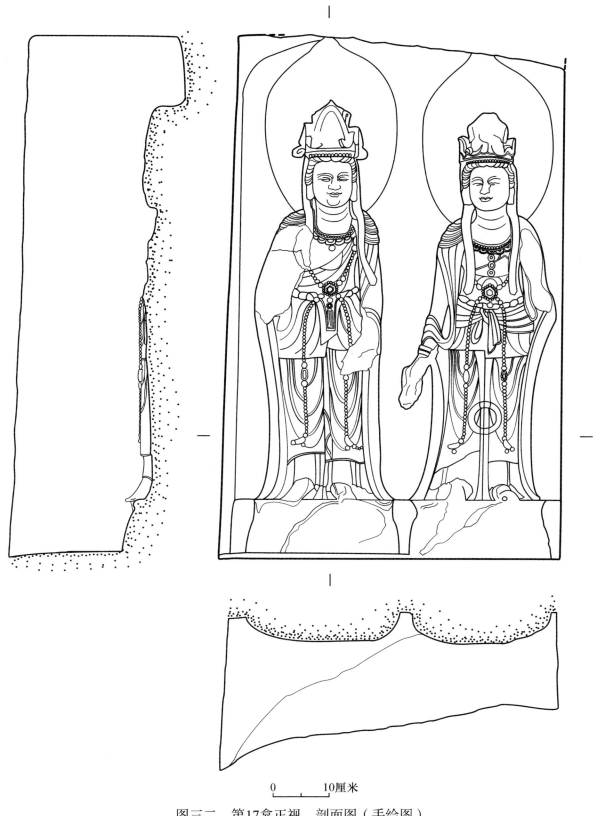

0 10厘米

图三二 第17龛正视、剖面图（手绘图）

开寶四年岁次/辛未五月廿日表讚讫/永为供养①

6. 粧修

头光、像身表面均有施红色、绿色、蓝色彩绘痕迹。

---

① 题记拓片文字辨识极似"六"字，但是该龛仅有观音两身，怀疑是"二"字，下部出现磨损痕迹似"六"。

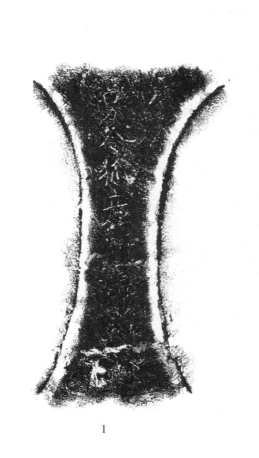

0 —————— 4厘米

图三三　第17龛题记拓片
1. 菩萨像头光之间　2. 龛右壁

十八、第 18 龛

1. 位置

位于窟群中部下层，第17龛左上角，打破第17龛。

2. 龛形

竖长方形龛。

3. 尺寸

龛高42、宽23、深12厘米。

4. 造像内容

龛内雕一身观音菩萨立像（图三四；图版二二，4）。

观音菩萨立像，通高36、身高32厘米。尖桃形头光，尖部残。头残失，颈部有圆形桩眼。胸前戴项圈。两条璎珞自双肩处垂下，在腹前呈"×"形相交，相交处饰方形物，相交后下垂至小腿处外撇。一条帔帛自左肩斜披至右胁，绕向身后；另有一条帔帛通覆两肩，在腹、膝前横过两道，两端绕臂、腕后下垂。上身赤裸，下着长裙，腰束带，裙腰外翻。左手自然下垂于体侧，戴腕钏，手掌残；右手屈肘举于体侧，手掌残。胯右出，左腿略弯，跣足立于圆形覆莲台上。

5. 题记

立像右侧壁面上竖向阴刻题记，长16、宽5厘米（图三五）：

　　孙女大娘子

6. 粧修

头光及像身有白灰痕迹，局部有蓝彩和红彩痕迹。

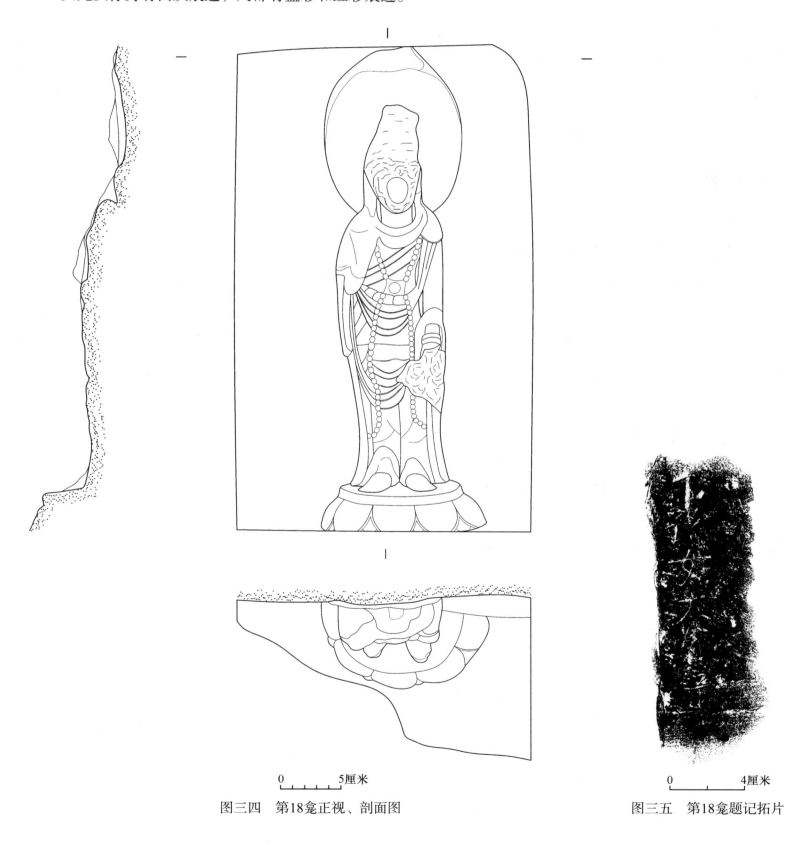

0 _____ 5厘米

图三四　第18龛正视、剖面图

0 _____ 4厘米

图三五　第18龛题记拓片

十九、第 19 龛

1. 位置

位于窟群中部上层，第13龛左侧，第38龛右侧。

2. 龛形

方形双重龛。外龛近方形，右龛壁下部残；内龛圆拱形，龛平面近半圆形。内龛龛楣饰花蔓纹一周，花蔓纹中间雕七个椭圆形小龛，龛内雕凿坐像一身（图版二三，3）。

3. 尺寸

外龛高116、宽110、深52厘米，内龛高86、宽90、深34厘米。

4. 造像内容

内龛正中雕一佛二弟子二菩萨，后壁上方雕菩提双树和飞天（图三六、图三七；图版二三，1、2）。

正中主尊佛坐像，通高66、身高42厘米。圆形头光，头光周围饰火焰纹。佛头残失，颈部有一圆形桩眼。内着僧祇支，外着双领下垂式袈裟，衣纹呈梯形。左手掌心向上，托一钵形物置双腿之上；右手背残，抚右腿。结跏趺坐于束腰仰覆莲台上，束腰中部开一壶门。

主尊左侧弟子立像，通高50、身高36厘米。圆形头光。头顶残，弯眉细眼，鼻梁扁平，双唇闭合，嘴角、下巴阴刻短弧线。内着圆领僧祇支，外着交领式袈裟，一角绕向身后于左腰处伸出搭于左手臂，衣纹呈阶梯状。双手合十于胸前，指尖残。跣足立于山形台上，足残。

主尊右侧弟子立像，通高50、身高35厘米。圆形头光。头顶残，弯眉细目，鼻梁扁平，嘴角上扬，下颚阴刻一道上翘短弧线。衣着方式和姿势与左侧弟子像相同。

主尊左侧菩萨立像，通高53、身高47厘米（图版二三，4）。尖桃形头光。头戴宝冠，宝冠中央饰团花纹，下饰一周联珠纹，宝缯及发辫垂肩。脸形方圆，弯眉细目，鼻梁扁平，鼻尖残，双唇闭合。大耳垂肩。颈部阴刻两道蚕纹。胸前戴项圈，项圈中间饰一回形纹，两边各饰一朵团花纹，项圈中部饰三条流苏垂饰。一条帔帛自双肩处垂下，在腹前横过两道，绕臂后下垂及座；另有一条帔帛自左肩处斜披而下。天衣覆肩，着长裙，裙腰外翻，纵向衣纹。左臂弯曲，提净瓶于腹前；右臂屈肘置胸前，掌心向内，持杨枝。双腿直立，跣足立于圆形覆莲台上。

主尊右侧菩萨立像，通高53、身高47厘米（图版二三，5）。尖桃形头光。头戴宝冠，饰团花纹、卷草纹、联珠纹，宝缯及发辫垂肩，耳中部横过一股发辫。方圆脸，弯眉细目，鼻梁扁平，嘴角上翘，下颚阴刻"U"形纹。颈部有一道蚕纹。胸前戴项圈，项圈中部饰一团花纹，两侧饰回形纹，下饰三条流苏垂饰。一条帔帛自左肩斜披而下，于右胁处绕向身后；另有一条帔帛自双肩处垂下，在腹前横过两道，绕臂后下垂及座。天衣覆肩，着长裙，裙腰外翻，纵向衣纹。屈肘置于体侧，手残。双腿直立，跣足立于圆形覆莲台上。

两侧弟子头光上方雕刻菩提双树，菩提树上方雕饰两身飞天，作相向飞翔状。左侧飞天束髻，面部漶散不清，颈部戴项圈。左右臂均缠披巾，披巾飘于身后。左手托盘，盘中置莲蕾，右手握莲蕾。右侧飞天束髻，面部漶散。披巾绕过双臂，随风飘扬。腰部着裙，左腿屈起，右腿跪立。左臂上屈，掌心向上托一盘，盘中置莲蕾，右手握帛带。

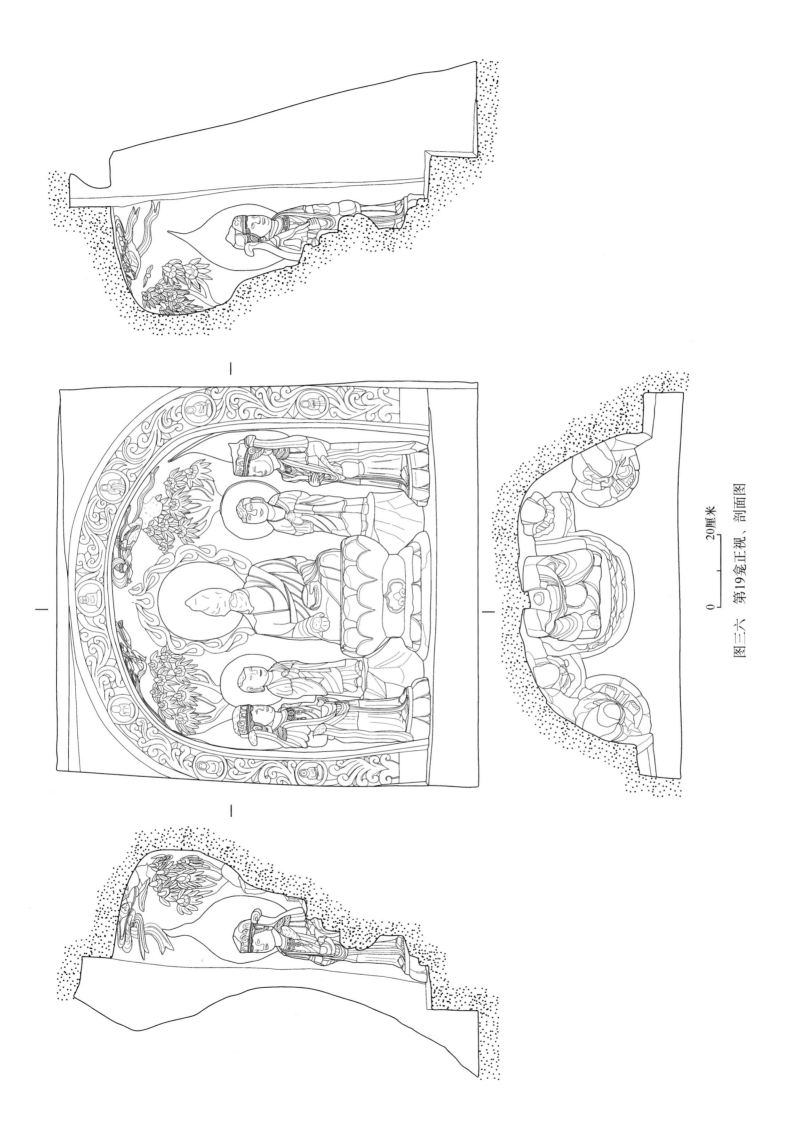

图三六　第19龛正视、剖面图

图三七　第19龛正视、剖面图（手绘图）

内龛龛楣7个椭圆形小龛中各雕一身坐像，均面部丰圆，头戴风帽，身着袈裟，结跏趺坐。左起第一身造像身高7厘米，面部漫漶不清，身着交领式袈裟，双手拢于胸前。第二身造像身高7厘米，面部漫漶不清，身着双领下垂式袈裟，"U"形衣纹，双手相叠置于腹前。第三身造像身高7厘米，身着交领式袈裟，阴刻纵向衣纹，双手拢于胸前。第四身造像身高6厘米，身着双领下垂式袈裟，"U"形衣纹，双手相叠于腹前。第五身造像身高6厘米，身着交领式袈裟，阴刻纵向衣纹，双手拢于胸前。第六身造像身高7厘米，身着双领下垂式袈裟，"U"形衣纹，双手交于腹前。第七身造像身高6厘米，身着通肩袈裟，双手交于腹前。

5. 题记

外龛左侧有自右向左阴刻题记六行，长30、宽18厘米，约70字，风化严重（图三八）：

　　弟子王□琮□□□□（徐氏）□□/□□發心□□粧□□□（佛）一龛意□/夫□（婦）…/……

熙宁八年十一/月二日日命之□斋表……□□□琮/□弟徐氏长男王……

6. 粧修

造像身上有白灰和后世修补痕迹，飞天造像上有蓝色和红色彩绘痕迹。

0   4厘米

图三八　第19龛题记拓片

二十、第 20 龛

1. 位置

位于窟群中部中层，第14龛左侧，第19龛下方，左龛壁上方被第23龛打破。

2. 龛形

双重龛，外龛方形，顶部及龛下部残，左侧壁上部被第23龛打破。内龛圆拱形，龛口边沿从内到外依次饰一周联珠纹、花瓣纹、忍冬纹，龛楣正中饰阴刻花瓣纹，其上承托一宝珠；龛内壁呈弧形。

3. 尺寸

外龛高117、宽116、深50厘米，内龛高81、宽80、深32厘米。

4. 造像内容

内龛正中雕一佛二弟子二菩萨及天龙八部像，外龛左右两侧各雕一力士①（图三九、图四○；图版二四，1）。

正中主尊佛坐像，通高69、身高42厘米。尖桃形头光，内饰联珠纹及两朵团花纹。馒头形肉髻，鼻子残缺。大耳。长颈丰满，颈部刻两道蚕纹。内着僧祇支，外披双领下垂袈裟，胸前有十字形束带。手、脚残。结跏趺坐于方形台上，台残，方座下刻三朵覆莲瓣。

主尊左侧弟子立像，通高54、身高45厘米。圆形头光，内饰一周四朵团花纹，团花外雕一缺口圆环。眼睑下垂，阔耳。内着长裙，外着对襟长袍。双手执笏于胸前。足着云头鞋，立于束腰仰覆莲台之上。

主尊右侧弟子立像，通高54、身高45厘米。圆形头光，内饰一周锯齿纹。眼睑低垂，左眼残。阔耳。胸部风化较严重，大致可辨其下着长裙，外着交领长袍，双手拱于胸前。足着云头鞋，立于束腰仰覆莲台之上。

主尊左侧菩萨立像，通高58、身高49厘米（图版二四，2）。尖桃形头光，内饰两层莲瓣纹，外饰五朵团花纹。戴莲花冠，冠后宝缯下垂及腰。细眉，小眼，大耳。颈部刻两道蚕纹。戴联珠纹项圈，璎珞自双肩处垂下，在腹前呈"×"形相交，相交处饰团花纹，璎珞相交后下垂至腿部折向身后。一条帔帛通覆双肩，绕膝横过一道后绕双臂下垂及座。内着交领大衣，外着对襟长袍，下着长裙。左手残，弯肘于胸前；右手下垂，握帔带于体侧。足着云头鞋，立于束腰仰覆莲台之上。

主尊右侧菩萨立像，通高60、身高51厘米。尖桃形头光，内饰两层莲瓣纹，莲瓣纹外侧为三个花瓣托宝珠。戴莲花冠，冠残。面部风化，大耳。戴联珠纹项圈。璎珞自双肩处垂下，在腹前呈"×"形相交，相交处饰团花纹，璎珞相交后下垂。一条帔帛通覆两肩，绕肩后横过腰及腹前。内着交领大衣，外着长袍，下着

图三九　第20龛正视、剖面图（手绘图）

---

①　在已经发表的简报上，听取四川大学董华锋博士的意见，认为这是佛、道合一龛，后整理报告时，综合多方意见，根据衣冠、仪态，还是认为属于佛教造像。

0 ————— 20厘米

图四〇　第20龛正视、剖面图

长裙。左手握帔帛垂于体侧；右手残，弯肘，持一穗状物于胸前。足部残损，立于束腰仰覆莲台上。

左侧力士像，身高38厘米。圆形头光。束高髻，残。面部残。身体表面风化。着战裙，腰束带，帛带飘扬。左手上举于体侧，右手置于内外龛相交处。跣足立于山形台上。

右侧力士像，身高40厘米。形象同左力士，姿势相对，右手握宝刀，屈肘举于头侧。

外龛下部中央雕两身童子，左侧一身不存，仅可见足部。右侧一身坐于地上，双腿前伸。左手抚地，右手前伸。左右各雕一狮子，均前肢仁立，后身蹲伏，尾部上翘，残损严重。

龛后壁面上雕天龙八部形象（图版二四，3、4），左侧四身，右侧五身。左侧左起第一身残，头戴五边形冠，怀抱一婴儿；第二身头上踞一虎，侧头张嘴，露齿，眼睛凸出；第三身戴月牙形帽；第四身立于第三身像下，戴高冠，长耳。右侧左起第一身戴宝冠，颈部缠蛇；第二身戴宝冠；第三身头朝左侧，戴宝冠；第四身左手托日，右手托月，持一棍状物，另一双手合十；第五身位于第四身下方，头戴鱼头帽。

5. 粧修

造像残存黑色、绿色、蓝色彩绘痕迹，有白灰修补痕迹。

二十一、第 21 龛

1. 位置

位于窟群中部下层，第18龛左侧。

2. 龛形

竖长方形龛，龛顶不存，龛壁局部残。

3. 尺寸

龛残高77、宽40、深17厘米。

4. 造像内容

龛内雕一身观音菩萨立像（图四一；图版二五，1）。

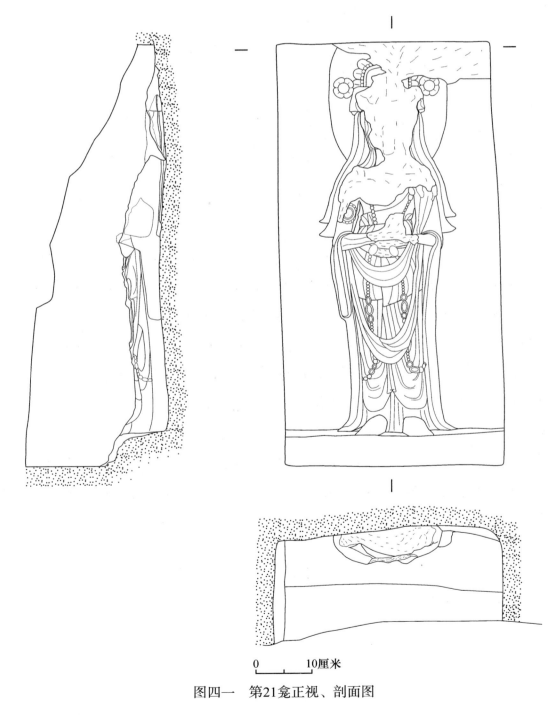

0   10厘米

图四一　第21龛正视、剖面图

菩萨立像通高70、身高63厘米。有头光，顶部残，头光由内向外依次饰一周素面环、联珠纹、花瓣纹及左右相对的两朵团花图案。头残，戴冠，残缺不可辨，宝缯下垂至腰际。颈部有一圆形桩眼。胸部残。两条璎珞自双肩处垂下，在腹前呈"×"形相交，之后下垂至小腿处外撇。一条帔帛自左肩处向下经胸前斜披而下，绕至身后；另有一条帔帛自左肩垂下，经腹、膝前横过两道，绕手肘后垂于体侧。着长裙，腰束带，裙腰外翻。双手屈肘捧一物于胸前，手部残，右手戴臂钏。胯略右出，双腿直立，跣足立于长方形台座上，台座残。

5. 粧修

龛壁中部底部涂白底，上有红色彩绘痕迹。

二十二、第 22 龛

1. 位置

位于窟群中部下层，第21龛左侧。

2. 龛形

竖长方形龛，龛外壁、顶、底部残。

3. 尺寸

龛残高64、宽45厘米。

4. 造像内容

龛内雕一身骑象普贤菩萨（图四二；图版二五，2）。

菩萨通高55厘米。菩萨有头光，头光顶部残缺。头残，左半身残损严重。发辫垂覆右肩。璎珞自双肩处垂下，在腹前呈"×"形相交，相交处饰六边形宝珠，下垂两朵团花吊穗，相交处下垂璎珞。一条帔帛从左肩处斜披而下，于右腰侧绕向身后；另有一条帔帛在腹前横过一道，绕过双臂后下垂，搭于象身。胯及腿残，左腿向前斜伸，右腿屈膝。跣足，骑坐于象背。

大象前身残，尾巴上翘，作行走状，四足均踏于圆形覆莲台之上。象身上垫两层坐垫，呈"U"形下垂。

0 |___|___|___|___| 5厘米

图四二　第22龛正视、剖面图

二十三、第　23　龛

1. 位置

位于窟群中部中层，第20龛左上方，打破第20龛，被第25龛打破。

2. 龛形

长方形龛，龛残。

3. 尺寸

龛高44、宽32厘米。

4. 造像内容

龛内正中雕一身坐佛（图四三；图版二五，3）。

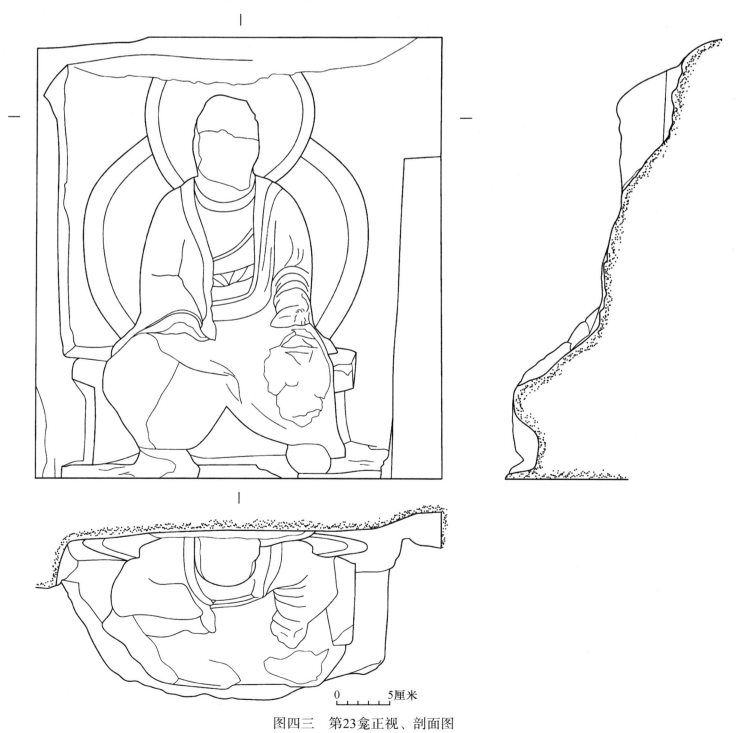

0 —————— 5厘米

图四三　第23龛正视、剖面图

坐佛身高38厘米。圆形头光、身光。头残失。内着袒右僧祇支，腰间束带，外着双领下垂袈裟，袈裟下摆呈两瓣覆于台座之上。双手抚膝，双膝略残，倚坐于束腰方台上。

5. 粧修

头光、身光及袈裟上有红色、绿色、白色、黑色等彩绘痕迹。

二十四、第 24 龛

1. 位置

位于窟群中部中层，第23龛下方，被第25龛打破。

2. 龛形

竖长方形龛，龛壁残。

3. 尺寸

龛高36、宽25、深6厘米。

4. 造像内容

龛内雕两身观音菩萨立像（图四四；图版二五，4）。

0   5厘米

图四四　第24龛正视、剖面图

左侧观音菩萨立像，通高28、身高26厘米。尖桃形头光。头残。胸前戴项圈。一条帔帛从左肩处向右斜披而下，至右腰侧绕向身后；另有一条帔帛在腹、膝前横过两道，绕腕后下垂。肩覆天衣，着长裙，腰束带。左手略残，屈肘，持物上扬于体侧；右手戴腕钏，提瓶垂于体侧。胯左出，双腿直立，跣足立于台座上，双足、台座残。

右侧观音菩萨立像，通高28、身高26厘米。头及胸部残。一条帔帛在腹、膝前横过两道，绕腕后下垂及座。肩覆天衣，着长裙，腰束带，裙腰外翻。左手下垂略斜伸，手握帛带；右手屈肘，残缺严重。胯略右出，双腿直立，跣足立于圆形覆莲台上。

5. 粧修

菩萨头光及帔帛上残存红色和黑色彩绘痕迹，局部有白灰修补痕迹。

二十五、第 25 龛

1. 位置

位于窟群中部中层，第29龛右侧，打破第23、24、29龛。

2. 龛形

竖长方形龛，龛顶及底部略残。龛外上部饰卷草纹、联珠垂饰。

3. 尺寸

龛高80、宽36、深21厘米。

4. 造像内容

龛内雕一身天王像（图四五；图版二六，1）。

天王像通高50厘米。圆形头光。头梳高双头髻，戴冠。方脸，双眉紧锁，双目圆睁，鼻翼肥大，鼻梁残损，厚唇紧闭。双耳紧贴头侧。上身着铠甲，下着甲裙，腰束带。左手掌心向外，拇指内扣，余四指伸展，屈肘置腰际；右手掌心向下，握一物置右腿。双足着战靴，左腿下伸，足尖外撇，右腿屈起，外撇，坐于药叉之上。药叉匍匐在地，面部方圆，表情平和，一眼圆睁，一眼微合，直鼻、厚唇。左手掌心向上，五指分开托下巴，右手掌心向上托天王左足。夜叉身后雕一体形较小的药叉，光头，五官简略，目视前下方，浑身赤裸，蹲坐在地。双手相叠，左手在下，右手在上，双肘置双膝之上。

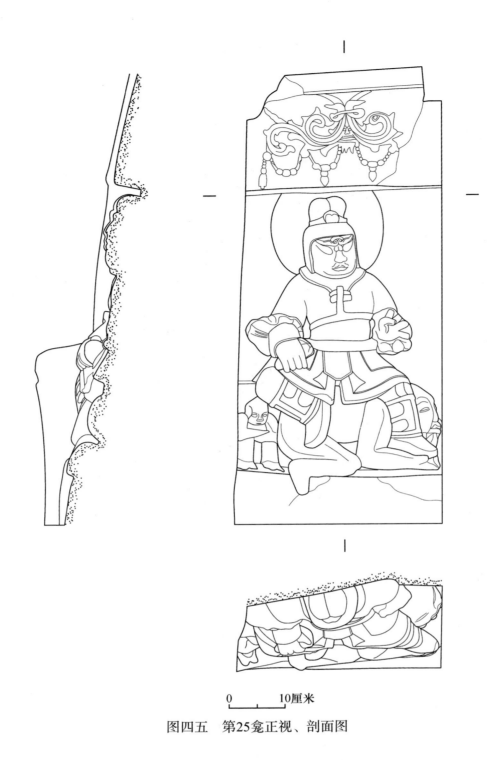

0   10厘米

图四五　第25龛正视、剖面图

二十六、第 26 龛

1. 位置

位于窟群中部下层，第12龛左侧。

2. 龛形

竖长方形龛，龛顶、壁残。

3. 尺寸

龛高77、宽60、深14厘米。

4. 造像内容

龛内雕两身观音菩萨立像（图四六；图版二六，2）。

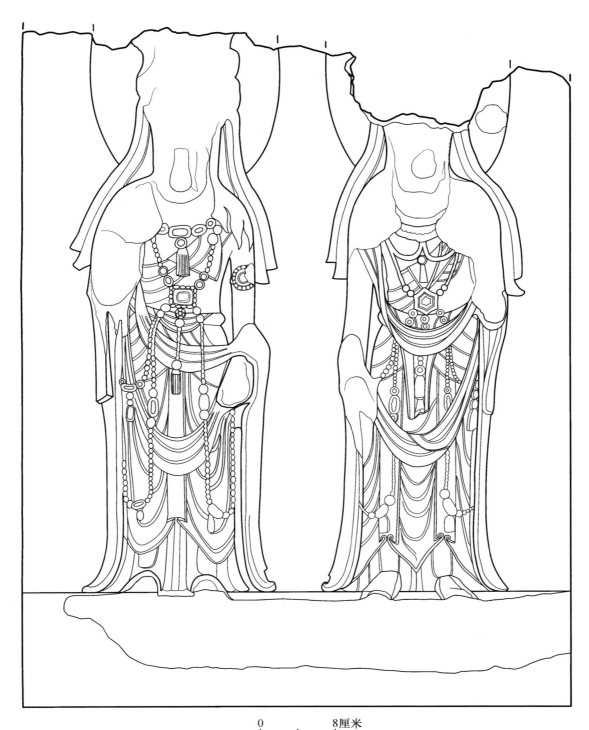

0 _____ 8厘米

图四六　第26龛正视图（手绘图）

　　左侧观音菩萨立像，残高59厘米。有头光，上部残，其形不可辨，头光上残存团花纹样。头残，宝缯垂肩。颈部有圆形桩眼。胸前戴项圈，项圈由联珠纹和圆环组成，下垂联珠吊穗。璎珞自双肩处垂下，呈"×"形相交于胸前，相交处饰六边形宝珠，其下饰三条联珠吊穗，相交后左右两边各垂下两条璎珞，先后于大腿、小腿处绕向身后。一条帔帛从左肩斜披至右胁，从左胁穿出，其一角搭于胸前；另有一条帔帛自双肩处垂下，于腹、膝前横过两道，绕臂后垂于体侧。着长裙，腰束带，结于腹前，裙腰外翻。双手均残，左手屈肘上举于体侧，右手戴臂钏，垂于体侧。胯略左出，双腿直立，跣足立于长方形台座上，双足残。

　　右侧观音菩萨立像，残高65厘米。有头光，上部残，其形不可辨，头光上残存团花纹样。头残，宝缯下垂。颈部有圆形桩眼。胸前戴联珠纹和方形宝石组成的项圈，项圈中部饰联珠吊穗。璎珞自双肩处垂下，呈"×"形交于腰腹部，相交后左边一条璎珞呈"U"形下垂；右边分出两条璎珞，一条于大腿处绕向身后，一条呈"U"形下垂至小腿，于右膝处绕后向身后；璎珞相交处饰方形宝石和联珠纹，下坠联珠吊穗。一条帔帛自左肩斜披而下，至右胁下绕向身后，其一角返搭于胸前；另有一条帔帛于腹、膝前横过两道，绕臂后垂于体侧。天衣覆肩，着长裙，裙腰外翻，衣纹于双腿处呈"U"形。左手下垂，手掌残，戴臂钏；右手残，屈肘。胯右出，双腿直立于台座上，双足残。

5. 粧修

菩萨帔帛及长裙等部位有红色、绿色、黑色彩绘残迹。

二十七、第 27 龛

1. 位置

位于窟群中部上层，第28龛上方，第38龛左侧。

2. 龛形

长方形龛，龛上部不存，龛右壁被第38龛打破。

3. 尺寸

龛残高70、宽100、深10厘米。

4. 造像内容

龛内雕一佛二菩萨（图四七；图版二六，3）。

正壁主尊佛坐像，残高28厘米。胸部以上残缺，身光残存下部，衣纹呈"U"形。左手掌心向上，捧钵形物于胸前，右手残不可识。结跏趺坐于莲台上。莲台下方雕莲叶，有两朵莲花伸出，其上各承托一菩萨。

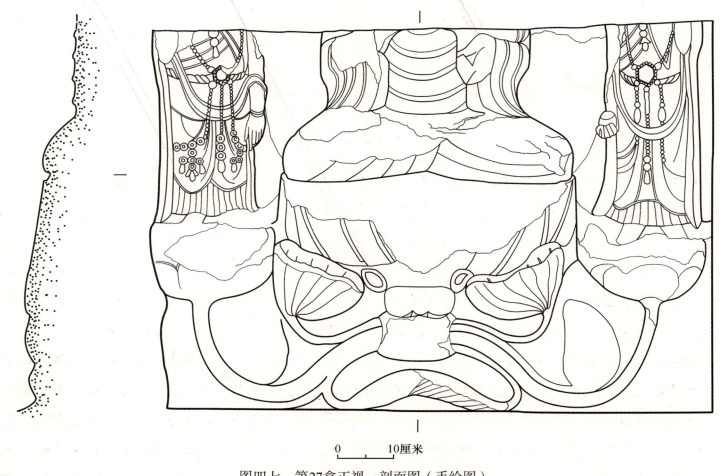

0   10厘米

图四七　第27龛正视、剖面图（手绘图）

主尊左侧菩萨立像，残高39厘米。胸部以上残缺，残留项圈中部垂饰。披挂璎珞，于腹前呈"×"形相交，相交处饰六边形联珠纹，其下垂联珠串饰，璎珞相交后分别下垂，于小腿处绕向身后。一条帔帛在膝前横过一道，绕臂后垂于体侧。着长裙，裙腰外翻。左手残，屈肘上举；右手上臂残，掌心向上，捧球形物垂于体侧。跣足而立。

主尊右侧菩萨立像，残高38厘米。胸部以上残缺，残留项圈联珠纹垂饰。披挂璎珞，于腹前呈"×"形相交，相交处饰六边形联珠纹，其下垂饰联珠流苏，璎珞相交后分别下垂，于双膝处外撤绕向身后，均于小腿处饰联珠吊穗。一条帔帛自左肩处斜披而下，于右胁下折向身后，一端搭于胸前；另有一条帔帛在腿前横过一道，绕臂后垂于体侧。着长裙，裙腰外翻。左手上臂残，拇指和食指伸展，余三指弯曲，掌心向内，握披巾垂于体侧，戴腕钏；右手残。跣足而立，双足残。

5. 粧修

菩萨衣纹上留有绿色及黑色彩绘痕迹。

二十八、第 28 龛

1. 位置

位于窟群中部中上层，第27龛下方。

2. 龛形

长方形龛，龛顶局部残。

3. 尺寸

龛高30、宽130、深7厘米。

4. 造像内容

龛内雕七身坐佛（图四八；图版二七，1）。

坐佛头光上部均因于空间未雕完整，高肉髻，面部多风化严重，漫漶不清，结跏趺坐于覆莲台上。

自左向右第一身坐佛身高23厘米。着通肩袈裟，胸前及两腿间形成"U"形衣纹。双手掌心相向，捧圆形物于腹前。

第二身坐佛身高23厘米。内着袒右僧祇支，胸前束带，外披双领下垂袈裟，其右侧一端绕过腹前搭于身

0 ____ 10厘米

图四八　第28龛正视、剖面图（手绘图）

后。左手掌心向下抚左膝，右手残。

第三身坐佛身高23厘米。着袒右式袈裟。左手掌心向上置于左膝之上，右臂及右膝残。

第四身坐佛身高23厘米。内着袒右僧祇支，胸前束带，外披双领下垂袈裟，袈裟右端绕过胸前搭于身后。双手及双膝均残。

第五身坐佛身高23厘米。风化严重，衣着方式不可辨。

第六身坐佛身高22厘米。着袒右袈裟，衣纹呈阶梯形。左手残，掌心向上置于左膝上，右手掌心向下置于右膝上。

第七身坐佛身高23厘米。螺髻，弯眉细目，鼻、口部均残。内着袒右僧祇支，胸前束带，外披双领下垂袈裟。左手掌心向下抚于左膝，右手残。

5. 粧修

造像的头光及袈裟有绿色、黑色彩绘痕迹。

二十九、第 29 龛

1. 位置

位于窟群中部中层，第30龛上方，左右龛壁分别被第25、32龛打破。

2. 龛形

近方形龛，龛壁平面略呈弧形。

3. 尺寸

龛高126、宽134、深41厘米。

4. 造像内容

龛内上部雕菩提双树、飞鸟，中部高浮雕一佛二胁侍菩萨，左右侧壁雕五十尊小菩萨、童子像（图四九、图五〇；图版二七，2）。

中部主尊阿弥陀佛坐像，通高56、身高44厘米（图版二八，1）。尖桃形头光，内饰圆角长方形素面环，向外依次为联珠纹、莲瓣纹及五朵团花。头左侧残，螺发。方脸，弯眉细目，鼻、口部残。双耳垂肩。颈部阴刻两道蚕纹。身着通肩袈裟，胸前衣纹呈"U"形。双手置于胸前，均残，左手似捧物举于胸前。双膝残，足外露，结跏趺坐于高茎仰覆莲台上。

主尊左侧观音菩萨立像，通高52、身高47厘米（图版二八，3）。尖桃形头光，装饰同主尊。头部残损，宝缯及发辫及肩。脸形方圆，双眉细长，双目微合，鼻口残损。双耳肥硕，一缕头发横过双耳中部。颈部残存两道蚕纹。戴圆环、联珠纹、莲瓣纹组成的项圈。璎珞自双肩处垂下，在腹前呈"×"形相交，相交处饰联珠纹和莲瓣纹，相交后分两股下垂至小腿处折向身后。一条帔帛自左肩斜披而下于右腰际折向身后，向左伸出一角搭于胸前；另有一条帔帛自膝前横过一道，绕腕后下垂。着长裙，裙腰外翻。左手掌心向外，食指、中指伸直，余三指弯曲；右手腕戴钏，提璎珞垂于体侧。跣足立于覆莲台上。

主尊右侧大势至菩萨立像，通高51、身高47厘米（图版二八，2）。头光、头部、项圈、璎珞、帔帛、

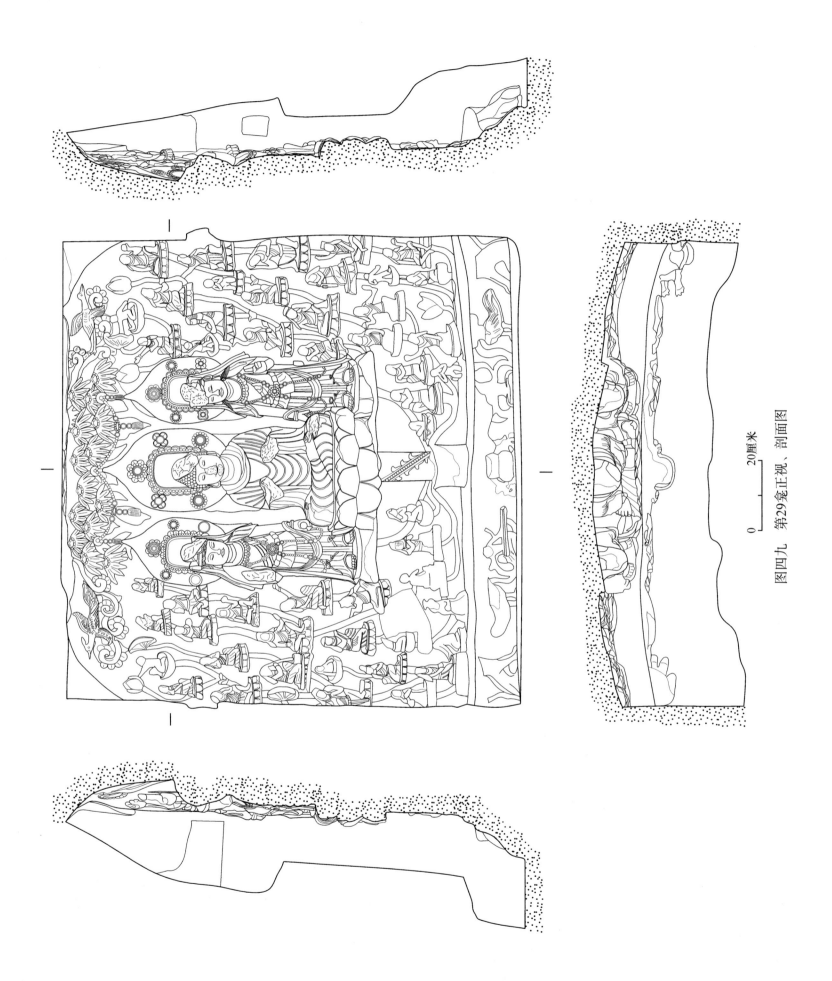

图四九　第29龛正视、剖面图

0   20厘米

图五〇　第29龛正视、剖面图（手绘图）

长裙的式样及穿着方式基本与左侧菩萨相同。另有一条帔帛自左肩斜披而下折向右腰后。左手腕戴钏，手心向内握净瓶颈部垂于体侧；右手残，屈肘举于体侧。跣足立于覆莲台上。

佛与菩萨身后浮雕双树，上有联珠和吊穗垂饰。树两侧各雕一只祥云承托的飞鸟，相背而飞，双翼阴线刻出羽毛（图版二九，1、2）。

自龛底延伸出覆莲座、莲叶、莲茎、莲蕾，将若干小菩萨、童子像连接起来。菩萨像多头戴冠，宝缯披肩，胸饰项圈，左肩斜披络腋，下着裙，跣足。童子赤身。

左侧壁面的人物从上到下可分为七层（图版二九，3）。第一层自左向右依次为一菩萨、一童子。菩萨宝缯披肩，面部已不可辨，戴圆形项圈；帔帛自左斜披而下折向身后，下着短裙，腰束带；左手上举，肘置于左膝之上，右手掌心向下置右腿上；左腿弯曲，右腿盘起，游戏坐于覆莲台上。童子双手伸展，左腿弯曲，右腿伸展坐于莲叶上。

第二层雕两身菩萨。左侧一身头戴冠，宝缯垂肩；胸前有宽项圈；帔帛自左而右斜披而下，下着长裙，腰束带；左手扶莲茎于体侧，右手下垂；左腿弯曲，右腿屈起坐于覆莲台上。右侧菩萨头部残；戴圆形项圈；上身赤裸，下着长裙，左臂屈肘横举胸前，右臂伸展侧举；坐姿同左侧菩萨。

第三层雕四身造像。左侧起第一身为菩萨，头部残；颈部残存一道蚕纹，戴圆形项圈；帔帛自左肩斜披而下，上身赤裸，下着短裙；左手抚左膝，右手握右上方莲茎，倚坐于覆莲台上。第二身为童子，头部残；全身赤裸；双手合十于胸前；左腿跪地，右腿屈膝于覆莲台上。第三身为菩萨，头部残，发辫垂肩；戴双圆环项圈；上身赤裸，下着长裙；双手相叠，抱膝坐于覆莲台上。第四身为童子，头部残，全身赤裸；双手持莲蓬于胸前；左腿前伸，右腿弯曲，立于莲叶上。

第四层雕三身造像。左侧起第一身为菩萨，头部残，偏向右侧；戴圆形项圈；帔帛自左向右斜披而下；上身赤裸，下着短裙，腰束带；左手掌心向内置于胸前，右手托头；倚坐于覆莲台上。第二身头部残，宝缯垂肩；戴桃形项圈；帔帛自右肩斜披而下，上身赤裸，下着长裙，腰束带；左手略残，右手掌心向内置于腹前；左腿弯曲，右腿跪于覆莲台上。第三身为菩萨，头部残；戴圆形项圈；帔帛自左肩斜披而下，上身赤裸，下着长裙，腰束带；左手握莲蕾，右手托球形物上举过头；左腿跪地，右腿弯曲，坐于覆莲台上。

第五层雕四身菩萨。左侧起第一身头部残，宝缯垂肩；戴桃形项圈；帔帛自左而右斜披而下，下着短裙，腰束带；左手掌心向内抚于腹前，右手掌心向上托物，游戏坐于覆莲台上。第二身头部残；戴圆形项圈；帔帛从右肩处斜披而下，上身赤裸，下着长裙，腰束带；双手持棍形物于胸前，跪坐于覆莲台上。第三身头戴宝冠，宝缯垂肩；面部风化不清；颈部阴刻两道蚕纹，戴桃形项圈；帔帛自左肩处斜披而下，上身赤裸，下着短裙，腰束带；左手支颐，右手抚右膝；左腿弯曲，右腿盘起坐于覆莲台上。第四身头部残，宝缯垂肩；帔帛自左肩处斜披而下，下着长裙，腰束带；双手捧物于胸前；左腿跪地，右腿弯曲，坐于覆莲台上。

第六层雕三身造像。第一身为童子，头部残；浑身赤裸；左臂张开，右手置于胸前；立于莲叶之上。第二身为菩萨，头部残；戴桃形项圈；帔帛自左肩斜披而下；上身赤裸，下身残损；左臂残，右手托宝珠举于体侧。第三身为菩萨，戴宝冠，宝缯垂肩；面部残不可辨；戴桃形项圈；帔帛自左肩斜披而下，束腰带；下身残损；左手下垂。

第七层雕七身造像。左侧起第一身菩萨，头部残；戴圆形项圈；帔帛自右肩斜披而下；上身赤裸，下着短裙，腰束带；左手托物，右手斜撑于莲座上；双腿下垂，足跟相对坐于莲台之上。第二身菩萨风化严重，双手捧物于胸前，腰部以下残损。第三身菩萨，头部残，宝缯垂肩；戴桃形项圈；帔帛自左向右斜披而下，腰束带，腰部以下残；左手似抚左膝，右手举于右前方；跪坐。第四身菩萨头部残；上身赤裸，下着长裙，腰束带；左臂横过胸前，双手捧物；左腿跪地，右腿弯曲，坐于覆莲台上。莲台下为第五身造像，风化严重，双手举于胸前。第六身头部残；左臂横过胸前，双手捧物，右肘置右膝上；左腿跪地，右腿弯曲。第七身残损严重。

右侧壁面的人物从上到下也可分为七层（图版二九，4）。第一层有三身造像。左侧起第一身为菩萨，头部残损；上身赤裸，下着长裙，腰束带；双手弯肘于胸前，左肘搭于左膝上；左腿屈膝，右腿跪坐于莲台上。第二身为菩萨，头部残；帔帛自左向右斜披而下，下着长裙，腰束带；身姿同前一身菩萨。第三身为童子，头部残；全身赤裸；左手抚莲蕾；右腿屈膝，左腿跪坐于莲叶上。

第二层雕三身菩萨造像。左侧起第一身为菩萨，头部残，宝缯垂肩；帔帛自左肩斜披而下，下着短裙，腰束带；左手置左腿后，右手残；游戏坐于覆莲台上。第二身头部残，面朝左侧；戴圆形项圈；帔帛自左肩斜披而下，下着长裙，腰束带；右臂屈举于胸前；跪坐于覆莲台上。第三身头部残；戴圆形项圈；下着长裙，腰束带；双手抱左腿；左腿屈膝，右腿跪坐于覆莲台上。

第三层雕三身菩萨。左侧起第一身头部残；戴桃形项圈；帔帛自左肩斜披而下于右腰侧折向身后，之后一端返搭于胸前，下着长裙，腰束带；左手举物于体侧，右手抚右膝；游戏坐于覆莲台上。第二身头部残；帔帛自左肩斜披而下；下着短裙，腰束带；双手交于胸前；左腿弯曲，右腿跪坐于覆莲台上。第三身头部残；戴联珠纹项圈；帔帛自左肩斜披而下；上身赤裸，下着短裙，腰束带；左手支颐，肘搭左膝，右手掌心向下托右膝，游戏坐于覆莲台上。

第四层雕三身菩萨。左侧起第一身头部残；戴圆形项圈；帔帛自左肩斜披而下；下着长裙，腰束带；左手腕戴钏，托球形物举于左前方，右手置右腿；左腿弯曲，右腿跪坐于覆莲台上。第二身头部残；戴环形项圈；帔帛自左肩斜披而下；上身赤裸，下着短裙，腰束带；左手扶莲茎，右手腕戴钏，置右腿；游戏坐于覆莲台上。第三身头部残；戴圆形项圈；帔帛自左肩斜披而下；下着长裙，腰束带；右臂横于胸前，双手持棍形物支于下方的圆形物内；左腿弯曲，右腿坐于覆莲台上。

第五层雕四身造像。左侧起第一身为菩萨，头部残；戴圆形项圈；帔帛自左肩斜披而下；下着短裙，腰束带；左手抚左膝，右手举于头侧；游戏坐于覆莲台上。第二身菩萨头部残；戴环形项圈；帔帛自左肩斜披而下；下着长裙，腰束带；右臂横过胸前，双手捧物于右肩处；左腿弯曲，右腿跪坐于覆莲台上。第三身为童子，头部残；全身赤裸，仅雕出上半身；双手撑莲叶。第四身为菩萨，头部残；戴圆形项圈；帔帛自左肩斜披而下，至右腰际折向身后，一角前返搭于胸前；左手支颐，肘部搭左膝，右手置于胸前，游戏坐于覆莲台上。

第六层雕两身菩萨造像。左侧起第一身大部已风化，仅见双膝跪坐。第二身头部残；戴圆形项圈；帔帛自左向右斜披而下；下着长裙，腰束带；双手扶莲茎于胸前；左腿跪坐，右腿屈起，坐于覆莲台上。

第七层雕七身造像。左侧起第一身风化严重，可见双手交于胸前。第二身为菩萨，双手交于胸前，腰部以下残。第三、四、五身风化严重，仅见残迹。第六身为菩萨，头部残；戴圆形项圈；帔帛自左向右斜披而下；下着长裙；左手抚左膝，右手置于腹前；左腿弯曲，右腿跪地。第七身残损严重，仅见左手抚于胸前。

龛底雕有瓶形物、花蔓、伎乐、人首鸟、狮子等形象。两身伎乐头部残，帔帛飘扬于体侧。其中右侧者左手抚琴，右手残缺。左腿盘坐，右腿弯曲，膝上置琴。

5. 妆修

龛内造像有绿色、白色、黑色彩绘残迹。该龛左右壁内外侧均有榫孔。

三十、第 30 龛

1. 位置

位于窟群中部下层，第29龛下方。

2. 龛形

竖长方形龛，圆拱形顶，顶残，龛壁平面呈弧形，龛左壁及右壁上部残。

3. 尺寸

龛高120、宽104、深32厘米。

4. 造像内容

龛内雕一佛二弟子二菩萨（图五一、图五二；图版三〇）。

主尊佛坐像，通高70、身高48厘米（图版三一，1）。头光内饰一周锯齿纹，周围雕八身坐佛，其中左起第一、三、六、八身施禅定印，其余四身双手拢于胸前，结跏趺坐。主尊头部残损，两侧各雕一只回首姿态的鸟，阴线雕刻出羽毛。佛像内着僧祇支，胸前束带，外着袒右式袈裟，腰饰一周火焰形宝石，边缘饰联

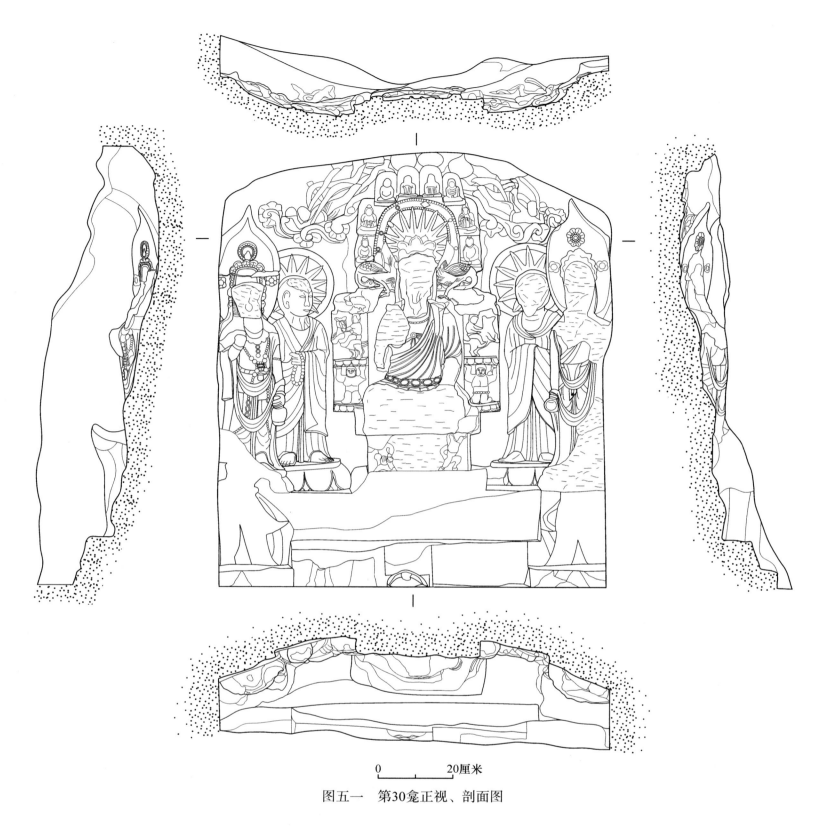

0   20厘米

图五一 第30龛正视、剖面图

珠纹。双手均残，左手似抚于左膝。腰部以下残，似为结跏趺坐于金刚座椅上。座椅束腰部正面两侧各雕一身立像，似为力士，残损严重。左侧者左臂上举，右手叉腰，左腿弯曲；右侧者头部残，左手叉腰，右手似上举，左腿直立，右腿抬起。主尊上半身两侧各雕两身造像，为仙人骑瑞兽，瑞兽前腿腾空立于夜叉承托的覆莲台上（图版三一，2）。主尊背后两侧壁面上各雕一身祥云承托的飞天，下着长裙，帔帛飘扬于身后。左侧飞天左手托圆形物于头侧，右手上举于右后方（图版三一，3）。右侧飞天左臂托物于头侧，右臂为帔帛所掩。

　　主尊左侧弟子立像，通高60、身高52厘米。圆形头光，内饰一周锯齿纹。头残。颈部残存两道蚕纹。身着通肩式袈裟。双手拱于胸前。跣足立于覆莲台上。

　　主尊右侧弟子立像，通高60、身高52厘米（图版三一，4）。圆形头光，内饰一周锯齿纹。头顶部略残。弯眉细目，鼻、口部残。颈部青筋暴露，锁骨凸出。着交领式袈裟。左手掌心向内，持念珠于胸前，右

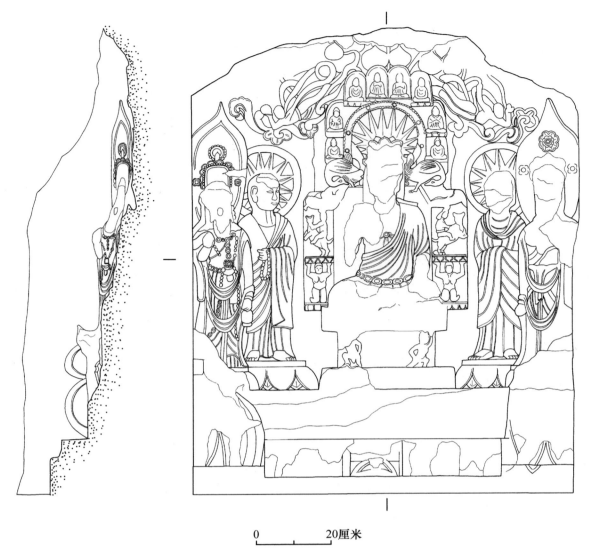

0 　　　　　20厘米

图五二　第30龛正视、剖面图（手绘图）

手下垂于体侧。跣足立于覆莲台上。

主尊左侧菩萨立像，通高63、身高55厘米。尖桃形头光，内饰团花纹。头、肩部残。一条帔帛自双肩处垂下，于腹、膝前横过两道，绕臂下垂及座；另有一条帔帛自左肩处斜披而下。着长裙，腰束带，裙腰外翻。左手残，右手腕戴钏，持物垂于体侧。双足亦残，立于覆莲台上。

主尊右侧菩萨立像，通高61、身高54厘米。尖桃形头光，由内向外依次有一周近方形素面条带、联珠纹、莲瓣纹，顶饰一朵团花。头部残，宝缯及发辫下垂及肩，戴圆环项圈，中部有垂饰。璎珞自双肩处垂下，呈"×"形交于腹前，相交处饰方形宝石，相交后分两股沿腿部下垂至小腿。一条帔帛从左肩处斜披而下；另有一条帔帛自双肩垂下，于腹部、膝前横过两道，绕臂后自然下垂。着长裙，腰束带，裙腰外翻。左手持净瓶垂于体侧，右手持杨枝屈肘上扬于胸前。双足残损，跣足立于覆莲台上。

菩萨下侧原雕造像，仅见残迹。中部雕一赑屃，头已不见。龛下两侧各雕一力士立于山形台上，仅见其帔帛残迹。

5. 妆修

造像上残留红色、绿色、黑色等彩绘残迹。

三十一、第 31 龛

1. 位置

位于窟群中部上层,第33龛上方。

2. 龛形

长方形双重龛,龛顶不存。外龛为长方形;内龛龛顶不详,平面呈弧形。

3. 尺寸

外龛残高78、宽94、深47厘米,内龛残高78、宽76、深40厘米。

4. 造像内容

内龛中部靠右雕一身天王立像(图五三;图版三二,1)。

天王立像,通高70、残身高61厘米。肩部以上残缺(图版三二,2)。披巾自双肩处垂下,绕臂后下垂及座。着长铠甲,腰束围裙。左手残,右手斜伸,挂长剑于体侧。双足着战靴,立于圆形仰莲台上。莲台周围高浮雕五身夜叉半身像,面朝上方,怒目圆睁,鼻翼肥大,颧骨凸起,双唇紧闭,身着短袍,腕饰圆环,作托举莲台状。

天王像左侧正壁与左侧壁的交界处上部浮雕一悬山顶建筑,下部浮雕一动物,前腿直立,后腿弯曲,作行走状。悬山顶建筑和动物均残损严重。

内龛左下壁雕两身供养人。左侧供养人像头部偏向右侧,残损严重。右侧供养人像头部风化严重,身着广袖大衣,双手合十而立。

供养人像前龛底雕凿一口井,井面为八边形,井宽10、高5厘米。

0 ___ 10厘米

图五三 第31龛正视图(手绘图)

5. 题记

龛外右侧自右向左竖向阴刻题记四行，长21、宽10厘米（图五四）：

□弟子□漢昇發心/雋造□□神一龕□/身□□□六人二□□/寶□□□月三□（日）……

0   4厘米

图五四　第31龛题记拓片

三十二、第 32 龛

1. 位置

位于窟群中部中层，第29龛左侧，打破第29、33龛。

2. 龛形

竖长方形龛，龛口外龛楣雕刻花蔓，花蔓下方有联珠纹垂饰，龛楣中部被一长方形榫孔破坏。

3. 尺寸

龛高57、宽28、深13厘米。

4. 造像内容

龛内雕一身坐佛（图五五；图版三二，3）。

坐佛通高40、身高33厘米。有圆形头光和身光，头光上半部因空间不足未雕出。头顶及左脸残，双目及鼻部风化严重，不可辨识，双唇微合，嘴角上扬。双耳垂肩。内着袒右僧祇支，腰前束带，外着双领下垂袈裟。左手残；右手掌心向下，拇指张开，余四指并拢，抚于右腿上。左脚下伸，踏于仰莲台上，右脚盘起外露，坐于束腰方台上。

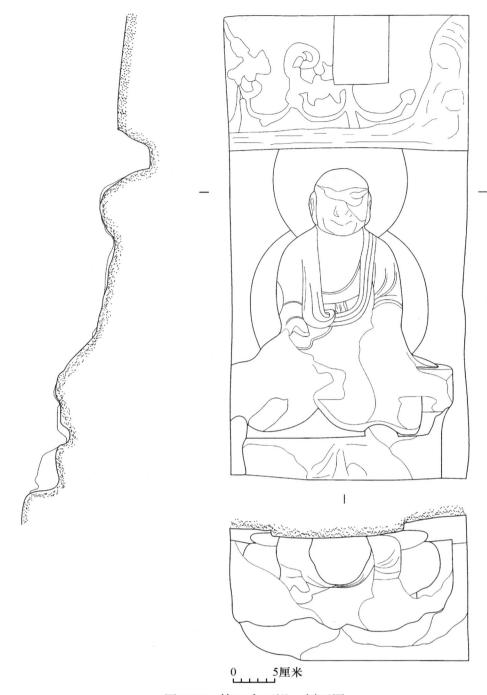

0 ⌐·····⌐ 5厘米

图五五 第32龛正视、剖面图

三十三、第 33 龛

1. 位置

位于窟群中部中层，第29龛左侧，被第32、34龛打破龛壁。

2. 龛形

双重龛。外龛近方形，平顶，顶部略残；内龛圆拱形，平面呈圆弧形。尖拱形龛楣。内龛龛口外由内向外依次为联珠纹、长方形宝石、花蔓纹及团花纹。花蔓纹内雕三身坐佛和两身菩萨，顶端正中坐佛有圆形头光；着通肩袈裟；双手交于胸前；结跏趺坐于覆莲台上。两侧两身坐佛均着通肩袈裟，胸前形成"U"形衣纹；双手交于腹前，右侧者双手捧物；均结跏趺坐于覆莲台上（图版三三，2）。左侧菩萨头部残；戴圆形项圈；帔帛自右肩处斜披而下；着长裙，腰束带；左臂横过胸前，双手捧物于右肩处；右腿弯曲，左腿跪坐于覆莲台上。右侧菩萨头部残，项圈、帔帛、长裙的样式及穿着方式均同左侧菩萨，姿态与左侧菩萨相对。

3. 尺寸

外龛高146、宽137、深62厘米，内龛高103、宽91、深34厘米。

4. 造像内容

内龛正壁雕一佛二弟子二菩萨，龛口左右两侧各雕一身力士，龛底雕对立狮子（图五六、图五七；图版三三，1）。

正壁主尊佛坐像，通高77、身高45厘米。双重尖桃形头光，左右边缘各雕一朵团花。高肉髻、螺发。细眉弯长，双目微合，鼻梁残损，双唇微合。双耳紧贴头侧，耳垂残。颈部阴刻两道蚕纹。内着袒右僧祇支，外着双领下垂式袈裟。左手残，右手似上举于胸前。结跏趺坐于束腰仰覆莲台之上。

主尊头部上方雕有华盖，上部装饰花蔓纹和联珠纹，并有吊穗和联珠纹组成的垂饰垂下，其下依次为联珠纹、砖纹、网格纹。华盖两侧各雕一身飞天。左侧飞天头梳髻，面部扭向外侧；戴桃形项圈；帔帛在身后飘扬形成双圆环；披云肩，着长裙；双手握联珠串饰，下方有祥云承托；双腿折向身后作飞翔状。右侧飞天衣饰与左侧飞天相同，姿势相对。

主尊左侧弟子像，通高65、身高42厘米（图版三四，1）。圆形头光，内饰一周锯齿纹。头顶部残损，脸形丰圆，细眉弯目，口、鼻部残。双耳肥硕。颈部阴刻两道蚕纹。内着袒右僧祇支，胸前束带，外着双领下垂式袈裟，袈裟右端横过腹前，搭于左臂上。左手举于左肩处，右手垂于体侧。双足残，立于台座上，座下雕刻花蔓纹。

主尊右侧弟子像，通高66、身高45厘米（图版三四，2）。圆形头光，内饰一周锯齿纹。头顶部略残，双眉细长，双目圆睁，口、鼻部残，额头、眼角及腮部满布皱纹。双耳垂肩。身着通肩袈裟，腹前及两腿间形成"U"形纹。双手合十于胸前。双足残，立于台座之上，台座下雕刻花蔓纹。

主尊左侧菩萨立像，通高72、身高51厘米（图版三四，3）。尖桃形头光，内有近方形轮廓和联珠纹，外饰火焰纹及三朵团花。头戴宝冠，宝缯及发辫下垂及肩。双眉细长，双目微合，口、鼻部残。双耳垂肩，一缕头发横过双耳中部。颈部阴刻两道蚕纹。戴联珠纹、素面圆环及莲瓣纹组成的项圈。璎珞自双肩处垂下，于腹前呈"×"形相交，相交处饰团花，相交后分两股沿腿部下垂至小腿处折向身后。肩覆天衣，一条帔帛从左肩处斜披而下，于右腰侧折向身后，一角返搭于胸前；另有一条帔帛横过膝前，绕臂后下垂及座。着长裙，腰束带，裙腰外翻。左手掌心向外置胸前，指部残损；右手腕戴钏，提净瓶垂于体侧。跣足立于束腰仰覆莲台上。

主尊右侧菩萨立像，通高72、身高50厘米（图版三四，4）。头光样式与左侧菩萨同。梳高髻，戴宝冠，宝缯及发辫下垂及肩。双眉细长，双目微合，口、鼻部残。双耳垂肩，其中部横过一缕头发。颈部阴刻两道蚕纹。璎珞、帔帛及长裙样式和穿着方式与左侧菩萨相同。左手持净瓶垂于体侧，瓶口朝下，右手掌心向外举于体侧。腰部略扭向左侧。跣足立于束腰仰覆莲台上，束腰部刻有三个壸门。

龛口左侧力士像，身高49厘米（图版三五，1）。圆形头光。高髻束带。方脸，双目圆睁，口、鼻部均残，颈部青筋凸起。胸部、腹部和双臂肌肉发达。帔帛飘扬于头后方，绕臂后下垂及座。上身着护胸甲，下着战裙，腰束带，裙腰外翻。左手上举于头侧，右手握帔帛于体侧。左腿直立，右足尖踮起，立于山形台上。

龛口右侧力士像，身高50厘米（图版三五，2）。面容、衣饰与左侧力士相同，姿势相对。

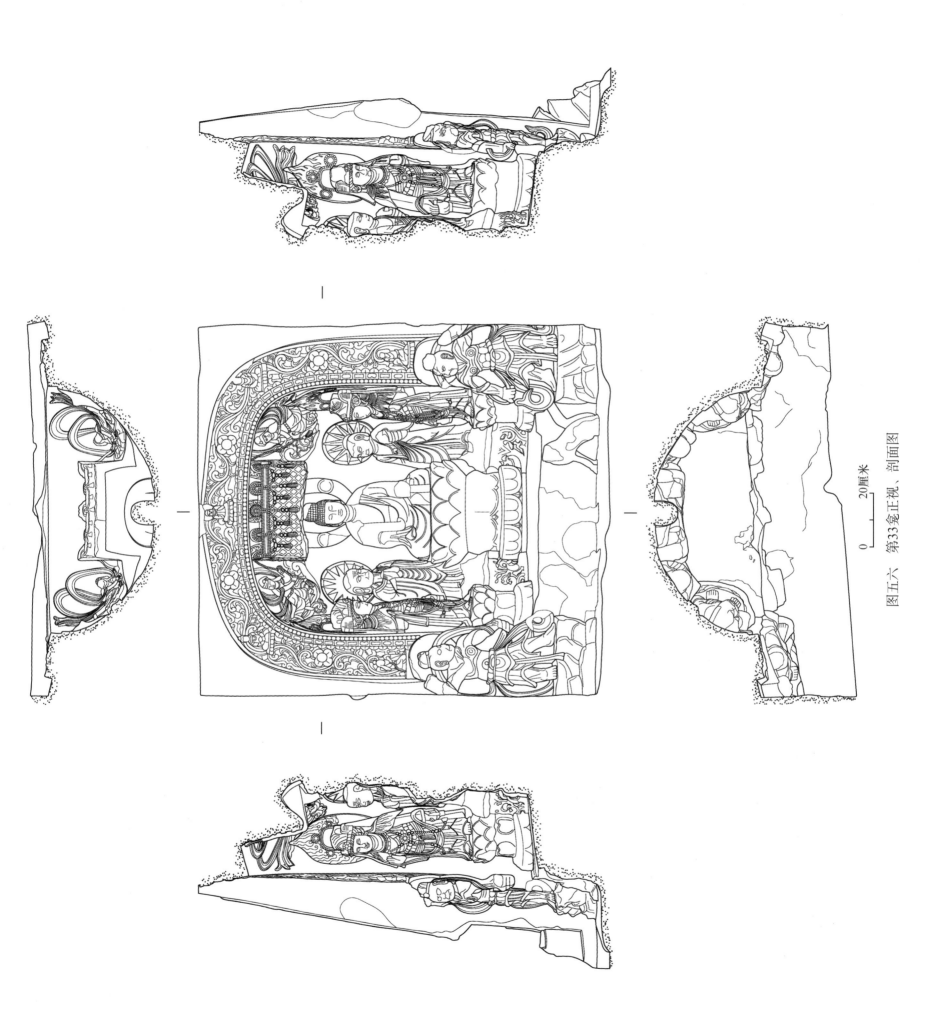

图五六 第33龛正视、剖面图

0 ____ 20厘米

图五七　第33龛正视、剖面图（手绘图）

内龛底部雕两只相对蹲踞的狮子，头部残损。狮子中间雕一香炉，已残。

5. 粧修

造像上残留红色、绿色、黑色等彩绘残迹以及白灰修补痕迹。

三十四、第 34 龛

1. 位置

位于窟群中部中层，第33龛左下侧，打破第33龛。

2. 龛形

竖长方形龛，龛顶局部残。

3. 尺寸

龛高64、宽42、深9厘米。

4. 造像内容

龛内雕凿一身天王造像（图五八；图版三五，3）。

图五八 第34龛正视、剖面图

天王像身高62厘米。梳高髻，戴冠。面部丰圆，怒目圆瞪，鼻梁残损，口大张，下颌残。双耳丰满垂肩，左耳郭及耳垂残损。上身着铠甲，铠甲领部有护颈，交于胸前，结带下垂，下着战裙。左手小臂残，作屈肘上举状，执长柄武器，右手屈肘侧举。着战靴。左腿屈起，膝盖左撇，右腿右斜伸。坐于山形座上。

5. 粧修

天王铠甲上有黑色彩绘痕迹。

三十五、第 35 龛

1. 位置

位于窟群中部下层，第30龛左侧。

2. 龛形

双重龛。外龛为竖长方形，内龛尖拱形。

3. 尺寸

外龛高100、宽54、深30厘米，内龛高98、宽53、深23厘米。

4. 造像内容

内龛雕一身坐佛（图五九；图版三五，4）。

坐佛通高79、身高64厘米。头戴冠。眼部以上横向断裂，双目微合，鼻梁残损，双唇闭合，嘴角上扬。双耳丰满，左耳垂略残。颈部阴刻两道蚕纹。内着齐胸僧祇支，胸前束带，衣纹呈纵向褶皱，外着双领下垂式袈裟。施禅定印，捧一球形物。结跏趺坐于仰覆莲台上。

0   10厘米

图五九　第35龛正视、剖面图

5. 妆修

造像上身有蓝色、绿色彩绘残留痕迹。

三十六、第 36 龛

1. 位置

位于窟群中部下层，第33龛下方。

2. 龛形

双重龛。外龛为长方形，四壁均略残；内龛为圆拱形龛，平面略呈圆弧形。内龛、外龛龛楣中部及右侧残损，右侧仅可见部分镂空及联珠纹饰。左侧龛楣饰卷草纹，上有圆环及联珠纹组成的纹饰，左端雕刻一飞鸟，头向左侧，颈部残（图版三六，2）。

3. 尺寸

外龛高136、宽163、深72厘米，内龛高107、宽107、深50厘米。

4. 造像内容

内龛雕凿一佛四弟子四菩萨，弟子和菩萨分列主尊左右两侧，间隔而出，其后浮雕天龙八部形象（图六〇、图六一；图版三六，1；图版三七，1）。

正壁中央主尊佛坐像，通高83、身高72厘米。尖桃形头光，两侧雕菩提双树。头、颈部残，颈部有圆形桩眼。内着袒右僧祇支，中部束带，末端自然下垂，外着双领下垂式袈裟。左手略残，抚左膝；右手置于腰际，亦残。左足略残，跣足踏于仰莲台上，右足及足下莲踏残缺，倚坐于束腰方座上。

主尊左侧弟子立像，通高65、身高52厘米。额头饱满，面部丰圆，细眉弯长，鼻梁扁平。双耳垂肩。身着通肩袈裟。左手横于胸前，伸出食指、中指，余三指弯曲，指向右方。跣足立于仰覆莲台之上。

主尊右侧弟子立像，通高63、身高52厘米。形貌衣饰同于左侧弟子。双手捧经匣拢于胸前。跣足立于仰覆莲台之上。

主尊两侧弟子像外侧为菩萨像。左侧菩萨立像，通高72、身高58厘米。头、颈部残损，右肩处可见发辫及宝缯痕迹，颈部存留圆形桩眼。胸前饰两圈联珠纹项圈，下刻一朵团花。璎珞自双肩处垂下，呈"×"形相交于腹前，于小腿处折向身后。一条帔帛自左肩处垂下，绕过腹前于右腰际折向身后；另有一条帔帛自双肩垂下，在腿、膝前横过两道，向上绕手臂后自然下垂于体侧。双手腕戴钏，左手垂于体侧，握一瓶；右手屈肘置胸前，托一钵形物。跣足立于仰覆莲台之上。

右侧菩萨立像高60厘米。头及面部残损，发辫及宝缯垂覆双肩。颈部阴刻两道蚕纹。戴联珠纹项圈。璎珞大部分残损难辨，仅余右腿处一小部分。帔帛自双肩垂下，于腹、膝前横过两道，搭于双臂之上后自然下垂。下着长裙。左手托一球形物于胸前，右手腕戴钏下垂。跣足立于仰覆莲台之上。

两身菩萨像外各有一身弟子像。左侧弟子立像，通高66、身高53厘米。头及面部残损严重，仅存左耳垂及右耳郭下部。内着交领僧祇支，外着双领下垂式袈裟，左侧衣角从左肩处自左向右绕过腹前折向身后，一角搭于左手臂。双手拢于胸前。跣足立于仰覆莲台之上。

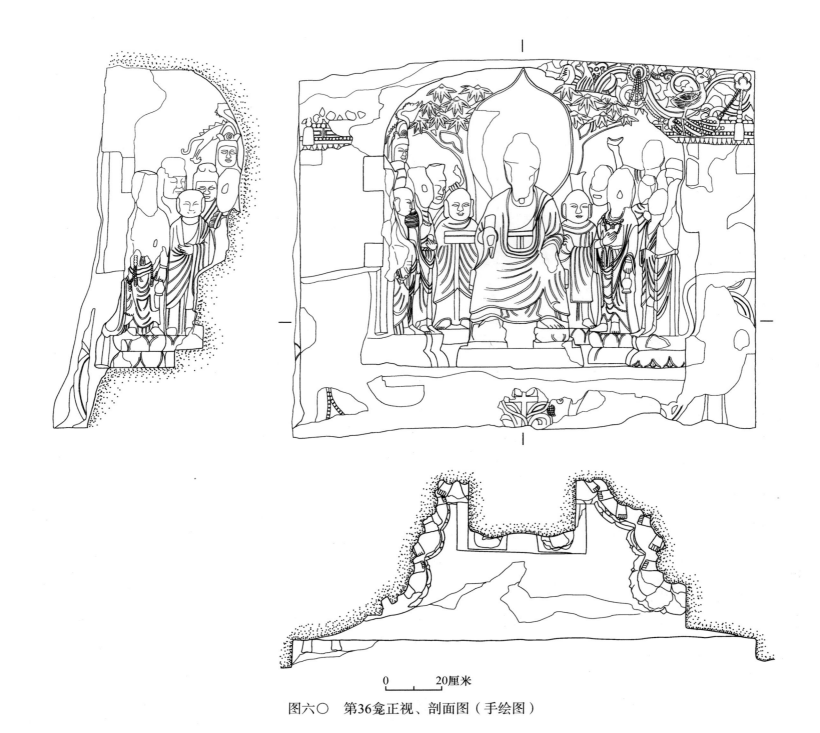

图六〇　第36龛正视、剖面图（手绘图）

右侧弟子立像，通高66、身高53厘米。面部漫散难辨。内着袒右僧祇支，外着双领下垂式袈裟，左侧衣角绕过腹前折向身后。左手置于腰际，食指伸出，拇指及食指平置，余三指弯曲，掌心向内，右手下垂。跣足立于仰覆莲台之上。

上述弟子像外侧又各有一身菩萨像。左侧菩萨立像，通高69、身高58厘米。头、面及颈部残损，颈部存圆形桩眼。双肩处可见宝缯残痕，左肩及左臂亦残损，身体大部分漫散不清。璎珞自双肩处垂下，呈"×"形相交于腹前，于小腿处折向身后。一条帔帛自左肩处垂下，绕过腹前于右腰间折向身后；另有一条帔帛自双肩垂下，在双腿、膝前横过两道，向上绕手臂后垂于体侧。左手残，右手略残，自然下垂。左足残损，右足略残，跣足立于仰覆莲台之上。

右侧菩萨立像，通高71、身高59厘米。头部及上半身均残损严重。腹部以下可见两条璎珞垂下。帔帛呈"U"形在双腿、膝前横过两道，两端向上绕手腕后垂于体侧。左手下垂，握一瓶形物，右手残。跣足立于仰覆莲台之上，右足及莲台右侧残。

主尊、弟子及菩萨像身后雕凿有天龙八部形象。主尊左侧有四身像（图版三七，2）。从内侧起第一身雕于菩提树下方，头上半部残损；面部丰圆，耳郭饱满，面向右侧，口大张；左手掌心向内托一婴孩。第二、三身像上下排列。上方者头及面部残损，双肩处有纵向衣纹；双臂平伸，双手上举，左手托日，右手托

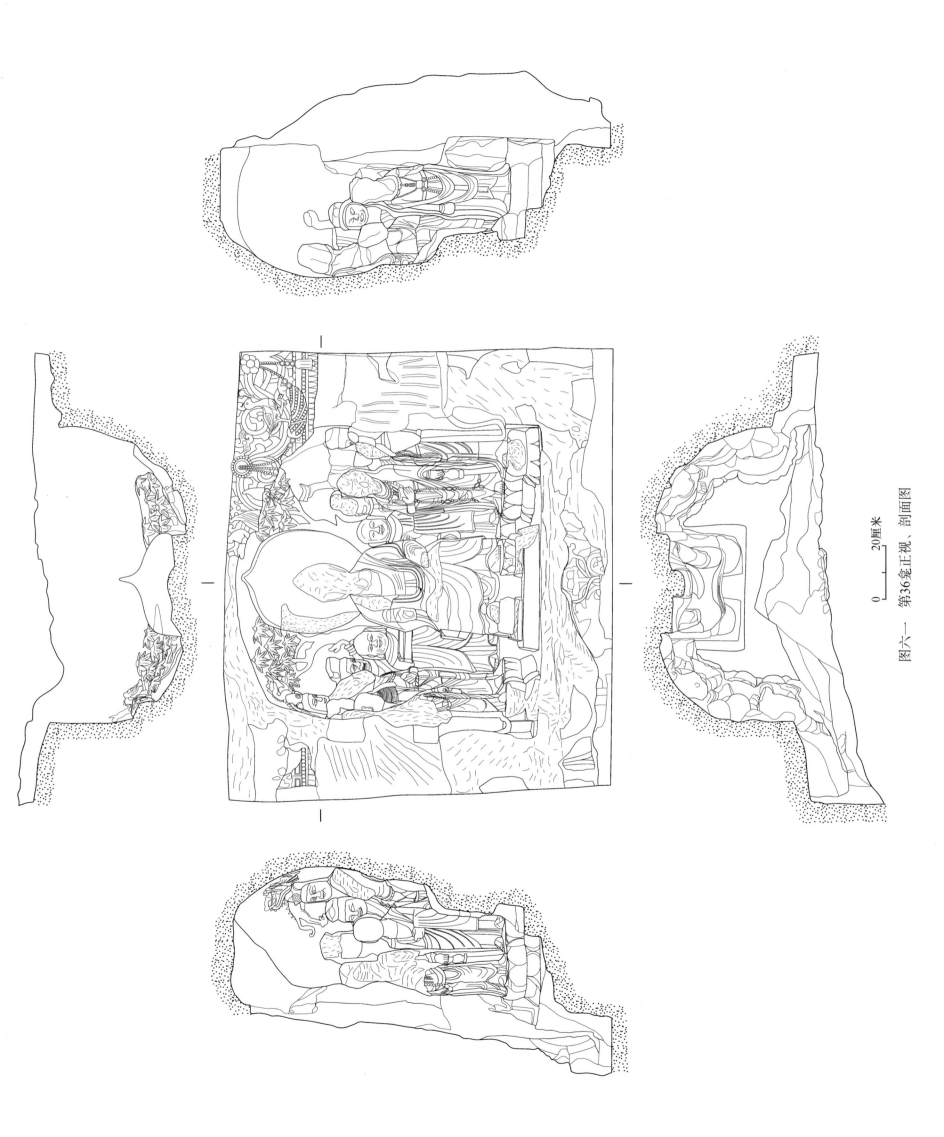

图六一 第36龛正视、剖面图

0   20厘米

月。下方者头及面部残损，面向右侧，头部以下有衣纹；左手握拳置于胸前。第四身位于第二身弟子像和菩萨像后，头戴冠；面部丰圆，细眉平直，鼻梁扁平；头部下方阴刻衣纹。

主尊右侧有四身像（图版三七，3）。从内侧起第一身雕于菩提树下，头戴高冠，面目狰狞；左手执一蛇头，蛇身在其颈部缠绕两圈，蛇尾垂于胸前。第二身像头戴山形冠，冠顶伸出飞龙，龙眼圆睁，龙头朝向菩提树；冠下有披帽；面部丰圆，细眉弯长，鼻梁扁平，双唇闭合。第三身像位于第二身像右前方，束高髻，戴冠；面部严肃，双眼下眄，高鼻，双唇闭合。第四身像头部残损，面朝左侧，漶散难辨；双目直视左方，鼻梁残损。

内龛龛口左右两侧残存有飘带及足部痕迹。外龛底部中央雕凿莲池，内有莲叶、莲蕾等。

5. 粧修

造像上有黑色、红色、蓝色彩绘残痕。

三十七、第 37 龛

1. 位置

位于窟群中部中下层，第26龛上方。

2. 龛形

横长方形浅龛，残损严重。

3. 尺寸

龛高32、宽60厘米。

4. 造像内容

龛右部雕三身立像，残损严重，仅可见尖桃形头光和圆台残迹（图六二；图版三八，1）。

0   4厘米

图六二　第37龛正视图（手绘图）

三十八、第　38　龛

1. 位置

位于窟群中部上层，第27龛右侧，左侧打破第27龛。

2. 龛形

近方形龛，顶部略残。

3. 尺寸

龛高62、宽70、深15厘米。

4. 造像内容

龛内雕一身骑青狮文殊菩萨像（图六三；图版三八，2）。

文殊菩萨残高25厘米。头部残，有圆形头光、身光。一条帔帛自左肩斜披而下，于右胁下绕向身后；另有一条帔帛绕臂后下垂。腰束带，腰部以下残损。左手掌心向内，五指向下，手持金刚宝剑于胸前，宝剑顶端残；右手掌心向内，五指并拢置于两腿之间托剑柄。坐于覆莲座上，其下铺坐垫。

文殊菩萨所骑狮子双目圆睁，作怒吼状，头上鬃毛卷曲，头向右侧，四腿直立。狮子头前、狮身右侧和尾部各雕一立像。头前所雕立像身高26厘米，头部残，披巾在腹前横过一道，绕臂后下垂，左手抚摸狮身鬃毛。腹前所雕立像身高26厘米，披巾绕臂后下垂，上身赤裸，下着长裙，左手腕戴钏，手抚狮背上的坐垫，作行走状。尾部所雕立像残高20厘米，腰部以上均残，双腿分开而立。

0　　　　　　10厘米

图六三　第38龛正视、剖面图

三十九、第 39 龛

1. 位置

位于窟群东部上层，第42龛右斜下方。

2. 龛形

横长方形浅龛。

3. 尺寸

龛高94、宽138、深3厘米。

4. 造像内容

龛内雕凿三通碑（图六四；图版三九，1）。

三碑形制相同，碑身为长方形，碑首略呈半圆形，外缘雕刻两条尾部缠绕的龙，龙头略残，为衔叼碑身状；一爪支地，一爪后伸相交似托一物。正中雕有一圆拱形小龛，内凿一身结跏趺坐佛像，有高馒头形肉髻。

左起第一通碑高94、宽39厘米。碑身中部浮雕一人物立像，可见左手上举，食指竖起，余指弯曲。

第二通碑高80、宽39厘米。碑身中下部有题记。

第三通碑高80、宽34厘米。雕凿略显粗糙，碑身残损严重，似未雕凿完成。

0 _____ 10厘米

图六四　第39龛正视图（手绘图）

5. 题记

第二通碑身中下部自右向左竖向阴刻题记六行，宽30、高20厘米（图六五）：

□惟天寶拾壹□（年）/□（歲）次壬辰□□/廿五日發心□/□此龕□□/曾令□□/貳所供養

0   4厘米

图六五　第39龛题记拓片

四十、第 40 龛

1. 位置

位于窟群东部中层，第39龛右下方。

2. 龛形

长方形龛。

3. 尺寸

龛高96～108、宽135厘米。

4. 造像内容

仅见龛外形轮廓，为未完工遗存（图六六；图版三九，2）。

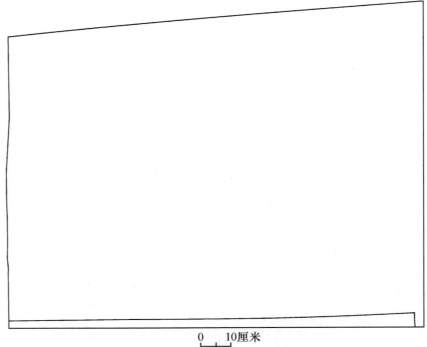

图六六　第40龛正视图

四十一、第 41 龛

1. 位置

位于窟群东部中上层，第34龛左侧。

2. 龛形

仅见外廓痕迹，略呈圆弧形。

3. 尺寸

龛高141、宽267厘米。

4. 造像内容

仅见龛外形轮廓，未雕凿完工（图六七；图版四○，1）。

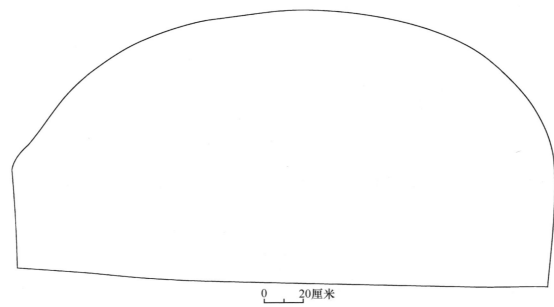

图六七　第41龛正视图

四十二、第 42 龛

1. 位置

位于窟群东部上层，第39龛左上方。

2. 龛形

仅剩窟龛底部，平面呈扇面形。

3. 尺寸

龛残高43、口宽185、正壁宽286、进深256厘米。

4. 造像内容

仅存正壁中央主尊佛足部及莲台，正壁龛底主尊两侧各开莲花形浅龛三个，左侧壁开浅龛五个，右侧壁开浅龛四个，浅龛内均雕凿伎乐像（图六八~图七一；图版四〇，2；图版四一）。

正壁中央主尊像残高29厘米，主尊身体大部残缺，仅余衣裙下摆及双足。跣足踏于仰覆莲台之上。

主尊左侧自左向右第一龛，龛高22、宽33、深3厘米。伎乐头戴披帽，面部残损。衣纹漶散，仅见圆领，身披飘带搭于双臂，环绕身后。左手上举握一琵琶，琵琶置左膝上；右手向右平举。盘腿而坐，左脚在上，右脚在下（图版四二，1）。

第二龛，龛高20、宽32、深3厘米。伎乐头戴披帽，面部残损。衣纹漶散，仅见圆领，身披飘带搭于双臂，环绕身后。双手持物于胸前，左手在上，右手在下。盘腿而坐（图版四二，2）。

第三龛，龛高20、宽30、深3厘米。伎乐头戴披帽，面部残损。衣纹漶散，仅见圆领，身披飘带搭于双臂，环绕身后。双腿上置琴，双手作抚琴状，身体略向左侧。双腿盘坐（图版四二，3）。

主尊右侧自左向右第一龛，龛高20、宽32、深3厘米。伎乐头戴披帽，面部残损。衣纹漶散，仅见圆领，身披飘带，环绕飘扬于身后。双手执乐器置于右腿上，左腿屈膝，右腿盘坐（图版四二，4）。

第二龛，龛高20、宽32、深3厘米，龛右侧残损。伎乐头戴披帽，面部残损。衣纹漶散，仅见圆领，飘带飞扬。双手执物置于胸前。双腿盘坐，左脚在下，右脚在上。

第三龛，龛高18、宽28、深3厘米。龛左右两侧均残损。伎乐头戴披帽，面部残损。衣纹漶散，仅见圆领。左手屈肘侧举，托一物；右手屈肘置胸前，掌部残。左腿盘坐，右腿屈膝。

正壁左侧三莲花形浅龛上方雕凿十六身造像，头顶部均有残损，双手相叠置于腹前，结跏趺坐。左起第一身残高5厘米，头及面部、双肩、右臂均残损。第二身残高6厘米，身着圆领广袖袈裟。第三身残高6厘米。第四身残高6厘米，身着圆领广袖袈裟。第五身残高6厘米。第六身残高6厘米，身着圆领广袖袈裟。第七身残高7厘米。第八身残高7厘米，身着圆领广袖袈裟。第九身残高7厘米。第十身残高7厘米。第十一身残高7厘米，身着圆领广袖袈裟。第十二身残高7厘米。第十三身残高7厘米，身着圆领广袖袈裟。第十四身残高7厘米。第十五身残高7厘米，身着圆领广袖袈裟。第十六身残高7厘米。

左侧壁左起第一龛，龛顶残，残高15、宽35、深3厘米。伎乐像头残。身披飘带，搭于双臂，环绕身后。双腿盘坐，腿上置一鼓，双手抬起做敲打状。

第二龛，龛高20、宽36、深3厘米。该龛残损严重，仅见右侧飘带残痕。

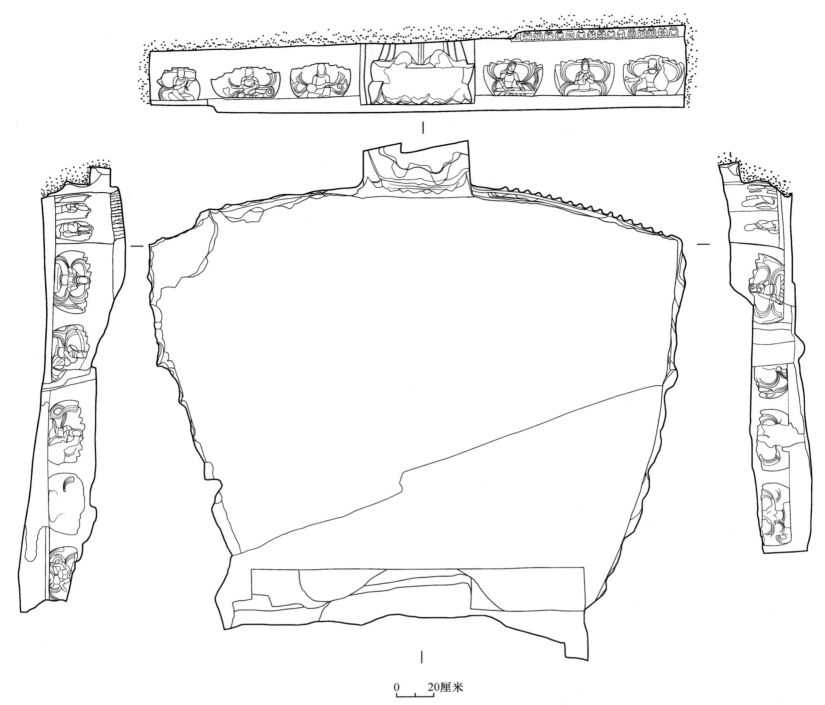

0 20厘米

图六八 第42龛正视、剖面图

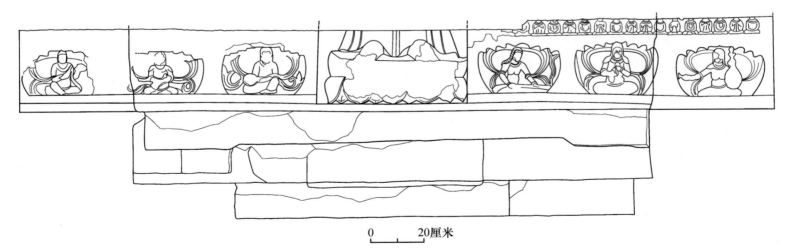

0 20厘米

图六九 第42龛正视图（手绘图）

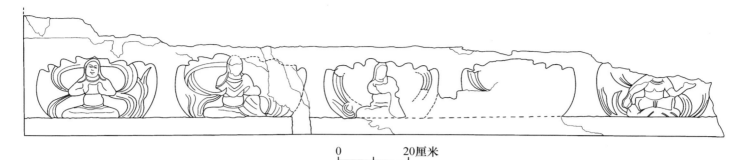

图七〇　第42龛龛底左侧壁正视图（手绘图）

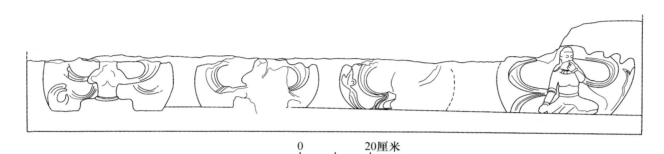

图七一　第42龛龛底右侧壁正视图（手绘图）

第三龛，龛左下部略残，龛高21、宽35、深3厘米。伎乐头戴披帽，面部及身体大部分漶散难辨。身披飘带，搭于双臂，环绕身后。

第四龛，浅龛左侧残损，龛高20、宽35、深3厘米。伎乐头戴披帽，面部残损。衣饰漶散，仅见圆领，身披飘带，搭于双臂，环绕身后。左肘部搭于左膝之上，右手屈肘搭左臂。左腿屈膝，右腿盘坐。

第五龛，龛高21、宽34、深3厘米。伎乐头戴披帽，面部丰圆，嘴角上扬。衣饰漶散，仅见圆领，身披飘带，搭于双臂，环绕身后。双手屈肘于胸前，掌部残损难辨。呈盘腿坐姿（图版四二，5）。

右侧壁左起第一龛，龛高20、宽35、深3厘米。伎乐头戴披帽，面部丰圆，双目微合。衣饰漶散，仅见圆领，身披飘带，搭于双臂，环绕身后。左手屈肘置胸前，手持排箫做吹奏状；右手自然下垂置于右膝处。双腿盘坐（图版四二，6）。

第二龛，残损严重，仅见右侧飘带残痕。

第三龛，龛高21、宽34、深3厘米。龛内形象残漶难辨，仅见飘带。

第四龛，龛顶及底部残，龛残高20、宽34、深3厘米。龛内伎乐像风化严重，飘带飘扬于身后。双腿盘坐。

5. 粧修

像身残存红色、黑色彩绘痕迹。

四十三、第　43　龛

1. 位置

位于窟群东部上层，第42龛左侧。

2. 龛形

方形龛，上部残缺。

3. 尺寸

龛残高73、宽112、深48厘米。

4. 造像内容

本龛为碑刻，上部残缺，下方为赑屃基座（图七二；图版四〇，3）。

赑屃基座高50、宽84厘米。前半部残损，顶部有几何刻划纹，其下方右侧露出一足。基座上为长方形碑，残高30、宽73厘米，左、右两端分别有宽8厘米的带形装饰，内饰忍冬纹，碑文残存五字，可辨为："广宣/宗/许家"，其余漶散难辨。

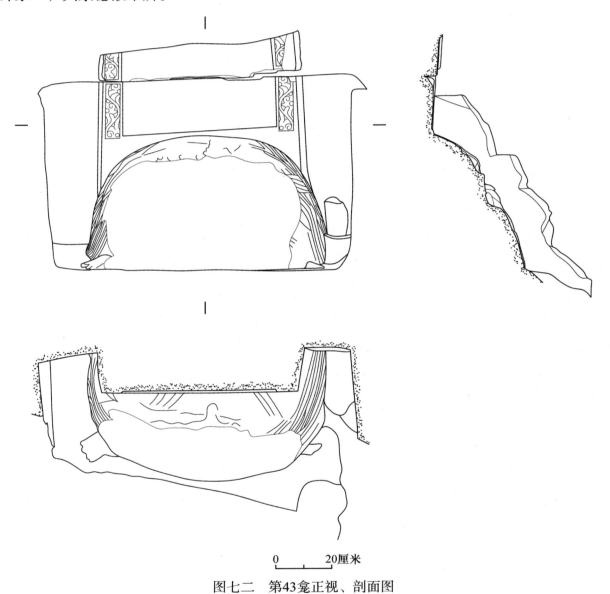

0   20厘米

图七二　第43龛正视、剖面图

第三章　千佛寺摩崖造像相关研究

第一节　造像特征与开凿时代

潼南千佛寺摩崖造像遗址的43座窟龛略呈东西走向，坐北朝南，西、中部区域窟龛分布密集，造像保存较好，时代较为集中；东部窟龛分散，多数仅存窟龛轮廓，有的造像已经因为自然岩壁崩落而损毁或遭现代采石破坏。

造像窟龛形制以长方形龛为主，另有部分外方内圆拱形龛以及零星拱形龛、弧形龛、屋形龛等，分为双重龛和单龛两大类。双重龛的外龛多近方形，敞口、平顶，内龛有素面拱顶龛、带龛楣圆拱形龛，龛楣纹饰多呈拱形带状分布的镂雕，纹饰有忍冬纹、卷草纹、联珠纹、火焰纹、飞鸟、坐佛等。单龛大多数为竖长方形龛，有少量横长方形龛及圆拱形龛。长方形龛为敞口、平顶。

千佛寺地处安岳—大足石窟群的边缘地带，在造像总体风格上与巴中、安岳、大足等地石窟是比较一致的。佛像面部圆润饱满，身躯魁伟，顶作馒头形肉髻，身着袒右或通肩式袈裟，结跏趺坐于束腰仰覆莲台之上；菩萨头戴高花幔冠，饰尖桃形头光，扭腰鼓腹，衣纹轻薄透体，璎珞精巧；飞天束高髻，长裙曳空，帔巾飘扬，横空飞舞，飞行姿势动态有力、优美自如；力士威武勇猛。大部分造像面部略显长圆，体形较纤细，衣纹较厚重，留有浓重的盛唐遗风，在长安、洛阳诸石窟中都可找到渊源。

可辨题材有释迦佛、弥勒佛、七佛、阿弥陀佛、五十菩萨、菩提双树、菩提瑞像、人形天龙八部、飞天、观音、文殊、普贤、西方三圣、西方净土变、地藏、十六罗汉等，常见弥勒佛、阿弥陀佛、观音、文殊、普贤、西方三圣、天王等佛教密宗题材，常见组合形式有一佛二菩萨、一佛二弟子二菩萨、一佛二弟子二菩萨二力士、一佛四弟子四菩萨、一佛八菩萨等形式。第19、20、29、30、36龛中出现的菩提双树、人形天龙八部及菩提瑞像表明其属于密教造像因素，该类题材在初唐时期的两京地区佛教造像体系中有一个由显入密的过程，依据龙显昭"长安佛法映巴川"的提法[1]，晚唐川渝地区的造像系统中出现的双树、八部造型也可视为受两京地区造像风格的辐射和影响。而第2、6、7龛中雕凿的地藏造像，表明当地民众对地藏信仰的重视，这与五代动乱后百姓对死后未知世界的惶恐与祈佑有关。

唐代四川地区发展迅速，当时的长安、洛阳二京与四川联系密切。安史之乱使8世纪后半叶成为衰落和毁灭的时代，人口大量减少，经济濒于混乱，中央与藩镇之间战争频繁。川渝地区偏于西南一隅，有崇山峻岭隔绝于中原，以其"易守难攻"的特殊地理环境成为"避难胜地"，唐玄宗、唐僖宗分别在756年和881年入蜀躲避战乱，文人骚客、高僧大德，甚至黎民百姓也纷纷入蜀避难。广元、巴中为川北门户，随行入蜀官员、僧侣、艺人等多在巴中驻足，带来了四川石窟艺术的大盛。这股广开石窟的作风首先是由官员们引导起来的，中唐的巴州刺史、剑南道节度使严武在巴中南龛造像筑庙，推动了巴中佛教的兴盛[2]。唐末的昌州刺

---

① 龙显昭：《长安佛法映巴川》，载于"佛教在线"2009年11月02日（《龙显昭学术论文集》，巴蜀书社，2015年）。

② 四川省文物管理局、成都文物考古研究所、北京大学中国考古学研究中心、巴州区文物管理所：《巴中石窟内容总录》，巴蜀书社，2006年，第8页。

史、充昌普渝合四州都指挥、静南军使韦君靖始凿大足北山石窟[①]。社会各阶层普遍渴望平安，寄托于神灵的思想也推动了川渝地区宗教信仰的盛行。

潼南地区的开窟造像历史早至隋代，中晚唐至宋代达到鼎盛。由于周边安岳、大足佛教造像发现丰富，长期受到全国乃至国际学术界的关注，而潼南境内的摩崖造像除大佛寺之外，关注者甚少，故有些学者认为潼南的石刻造像是在安岳、大足造像的影响下盛行的。但是从川东北地区古代人类的活动规律来看，这里山峦纵横，江河交错，古人以江河为道，沿江居住，以人类聚集地为点，以往来交通线路为线，形成了以点带线、以线围面的分布规律，相应地，人类活动留下的各类遗迹应该在人类活动范围之内。潼南作为嘉陵江支流上的重镇，唐宋时期有四个县治在此，人口密集度超过安岳、大足是毫无疑问的。不论是僧人建寺造像还是官绅开窟祈福，都要考虑到吸引信众、便于往来，必然首先是在县城附近和交通线路上，然后才开始沿交通干道逐渐外传播扩散。潼南地区的考古调查也证实了这一点。单纯从这一观点出发，中原佛教造像之风自北向南而来，潼南应该具有更加重要和更主动的地位。

千佛寺共发现了31则文字题记[②]，因风化侵蚀，部分题记已漫漶不可识别，但从可辨识的题记中我们仍可获取一些重要信息。第39龛的题记中明确提到天宝十一年（752年），为千佛寺目前发现年代最早的题记，表明千佛寺至迟在中唐时期就已经开始开凿，为重庆地区中唐时期佛教考古研究领域提供了重要资料。其他大部分题记为开宝年间开凿、重新粧彩的题记，记载了北宋时期遂宁县清泉（乡）令狐家族出资在千佛寺捐造、粧裱造像的事迹，由于题记部分无法辨识，仅能从"討□（護？）沙門□□/管内巡检并……使君□□□"等残留文字判断千佛寺的开凿应该是有地方官员的支持，只是由于石窟规模较小，未见诸史载。从现存造像看，两宋时期是千佛寺造像的兴盛时期，通过残留的一些榫卯痕迹看，当时在窟龛外部可能有木质建筑，是当时人们供奉佛像的居停场所。元明以后或有新添造像，但是明显衰减，考古发现表明，明清以后窟龛前的建筑规模已经很小，表明来者稀稀，逐渐不为人知，清代的《遂宁县志》等地方史志的文字舆图中均没有千佛寺的任何记载。

第二节　造像分期

由于千佛寺没有见诸史载，31则题记和碑刻也仅仅是对单个龛的开凿、再粧等情况进行记载，各阶段开凿规模情况没有文字资料存留。加上笔者作为石窟寺考古的初学者，对于佛教造像的研究十分浅薄，想要凭借现有资料开展千佛寺的分期研究是十分有挑战性的课题。虽然有上述不利因素，但是千佛寺的43座龛集中在近140平方米的崖壁上，分布密集而有规律，龛与龛之间还存在较多打破关系。这个线索加上传统石窟寺考古研究常用的窟龛造型、造像特征、题记等线索，笔者尝试采用考古类型学理论，从上述几方面特征出发，对除5、39、40、41、43之外的38座窟龛材料进行分析，尝试千佛寺摩崖造像的分期探索。

---

① 大足北山石窟佛湾第2号摩崖，唐乾宁二年（895年）刻《韦君靖碑》。见《大足石刻铭文录》，重庆出版社，1999年，第37页。

② 发表于《考古》2013年第12期的《重庆潼南千佛寺摩崖造像清理简报》中称27则题记，后期工作开展中又发现4则。

一、窟龛形制分类

前文已经阐述过，千佛寺的窟龛形制以长方形龛为主，另有部分外方内圆拱形龛以及零星拱形龛、弧形龛、屋形龛等，分为双重龛和单龛两大类，其外形尺寸也具有分类意义。

双重龛：第1、8、13、14、19、20、31、33、35、36龛，共计10座龛。第42龛残破十分严重，难以辨别龛形，个人认为属于双重龛的可能性较大。

单龛：第2~4、6、7、9~12、15~18、21~30、32、34、37、38龛，共计27座龛。

二、造像内容分类

千佛寺的造像内容较为丰富，大致可以分为多种造像组合类和单一造像（含同类造像组合）类。

组合类：①一佛二菩萨：第27、29龛；②一佛二弟子二菩萨（一佛四弟子四菩萨）：第1、3、8、14、19、20、30、33、36龛；③主尊+侧壁小造像组合：第13、42龛。

单一造像类：①佛像：第15、23、28、32、35龛；②观音菩萨：第9~11、17、18、21、24、26、37龛；③普贤菩萨：第22龛；④文殊菩萨：第38龛；⑤地藏菩萨：第2、6、7龛；⑥菩萨：第12、16龛；⑦天王：第25、31、34龛；⑧供养人：第4龛。

三、题 记 分 类

31则题记中第3、7、10、11、17~19、31、39九座龛的26则题记对于千佛寺的分期具有判断价值，这些题记中或多或少包含有开凿者（供养人）、年号（干支纪年）两方面的线索。

第39龛明确有"天寶拾壹""壬辰"这两个线索，证明千佛寺的历史可以追溯到唐玄宗天宝十一年（752年）前后。需要注明的是，题记内容是从右向左读。第31龛的题记中有"寶□□□月三□（日）"这几个字，结合前后文，"寶"应该是指年号，结合造像内容，我们认为应该是指"开宝"年号，所以第31龛很可能也属于北宋时期。

此外在释读第19龛题记时，我们模糊的辨认出"發心□□粧□□□（佛）一龛""熙寧八年十一/月二日"这些文字，据此我们推断第19龛是中晚唐开凿，北宋神宗熙宁八年（1075年）再粧。

第3、7、10、11、17~19龛的题记相互关联，互为佐证，题记时间集中在开宝三、四年，题记内容均为自左向右读，与其他时期题记释读方向相反。第3龛主尊下方的题记最为重要，其内容与其他题记综合研究，为研究者提供了不少地名、开凿者的线索：

（1）千佛寺所处位置的行政区域名称——遂宁县清泉，根据文献记载，北宋太祖乾德五年（967年）降崇龛县为镇，并入安居县。由于崇龛县治所就在现在的崇龛镇附近，过去误以为千佛寺应该属于安居县，但是根据题记，该地虽然临近安居县，应该还是属于遂宁县管辖。

（2）千佛寺的主要开凿者——令狐家族，见诸题记的有令狐璋夫妇及其子女孙辈（长男、长男新妇李氏、次男、令狐小娘子、孙女大娘子等）、令狐璋兄长令狐庆及妻蒲氏、（令狐庆）子令狐彦及新妇蒲氏、令狐璋弟等三代亲属至少12人，参与开凿时间为开宝四年（辛未，971年）。他们应该是千佛寺北宋早期窟龛的主要开凿者和早期窟龛的重修再粧者。

（3）北宋时期的其他开凿者——彭氏，参与开凿时间为开宝三年（970年）。

四、窟龛之间的位置关系

我们认为千佛寺在早期开凿的时候，考虑到开凿者的工作便利和视觉美感，这一阶段的窟龛很可能在横向处于同一水平面，窟龛之间应该有一定距离，不会出现同一时期的窟龛相互破坏的情况。由此，我们注意到在水平方向这么几组窟龛基本属于同一水平线，龛与龛之间间距较大，没有相互打破关系：第一组，第30、36龛[1]；第二组，第8、20龛[2]。

这两组窟龛处于千佛寺的分布密集区，排列规律，没有破坏其他龛的现象，却又被其他龛破坏，属于早期开凿窟龛的可能性很大。

由于千佛寺窟龛分布密集，早期窟龛已经占据位置，后来开凿的窟龛只能在有限空间内寻找合适地点，就不可避免地和早期窟龛发生打破关系，而且这种打破关系不会出现在开凿时期相近的两个窟龛中，这为我们研究千佛寺的分期提供了可靠线索，经分析，存在如下多组打破关系：

①第2龛打破第1、3龛；②第7龛打破第8龛；③第10龛打破第9、14龛；④第11龛打破第17龛；⑤第16龛打破第17龛；⑥第18龛打破第17龛；⑦第23龛打破第20龛；⑧第25龛打破第23、24、29龛；⑨第32龛打破第29、33龛；⑩第34龛打破第33龛；⑪第38龛打破第27龛。

综合上述分析结果，我们可以得出这样的结论：

千佛寺存在一个重要的时间节点——开宝三、四年，在这一阶段，以令狐家族为主，一方面对原有造像进行重桩修缮（见第17龛题记），另一方面新开龛造像，为家人祈福。因此，我们将这一时间节点作为千佛寺摩崖造像分期的中轴线，将千佛寺摩崖造像的窟龛分为三期（附表二）。

早期：早于北宋开宝年间这一时间中轴线的窟龛属于早期（图七三），共有16个龛（第1、8、9、13、14、17、19、20、27~30、33、36、39、42龛）。从题记看，第39龛有天宝纪年，第17、19龛的再桩题记也表明该窟龛属于早期龛[3]。从窟龛分布位置看，前文所述的排列规律的第30、36龛，第8、20龛两组窟龛应该属于早期窟龛；从打破关系判断，被第10龛打破的第9、14龛，也应该属于早期。这一时期为千佛寺初创时期，造像排列整齐，龛的尺寸也较大，多在100厘米见方，龛与龛之间间距较大，龛形以双重龛为主，造像类型也多数是一佛二菩萨、一佛二弟子二菩萨、一佛二弟子二菩萨二力士、一佛四弟子四菩萨等组合，较晚阶段的龛中出现了观音、天王、菩提双树、菩提瑞像、人形天龙八部、飞天等佛教密宗题材，其余以观音菩萨造像为主。综合题记纪年和造像特征等因素判断，早期造像的年代为中晚唐时期。根据上述时代特征，第1、13、27~29、33龛很可能也属于早期龛。

中期：是指处于北宋开宝年间这一时间中轴线前后的窟龛（图七四），共有19个龛（第2、3、6、7、10、11、16、18、21~26、31、32、34、37、38龛）。从题记看，明确是开凿于这一时期的龛有第3、7、10、11、18、31龛，这6座龛除了第31龛属于双重龛之外均为方形龛，性质较为简单。供奉单一造像的龛占了多数，尤其是观音造像占了半数（第10、11、18龛），新出现了天王造像（第25、31、34龛）。从窟龛打破关系判断，打破第27龛的第38龛、打破第20龛的第23龛、打破第33龛的第34龛也都属于中期开凿。这一时期的窟龛开凿年代十分接近，开凿者也多为同一批工匠，因此在窟龛造型、造像风格等方面也十分接近。中期

---

① 第35龛虽然也处于同一平面，但是它的存在使得第30、36龛之间的间距极其狭窄，加上造像特征的原因，第11和第17龛存在打破关系，故均不列入。

② 第7龛虽然也处于同一平面，但是它打破第8龛，故不列入。

③ 第17、19龛的题记表明，这两龛晚唐已有，北宋开宝和熙宁年间再桩，因此都属于早期窟龛。

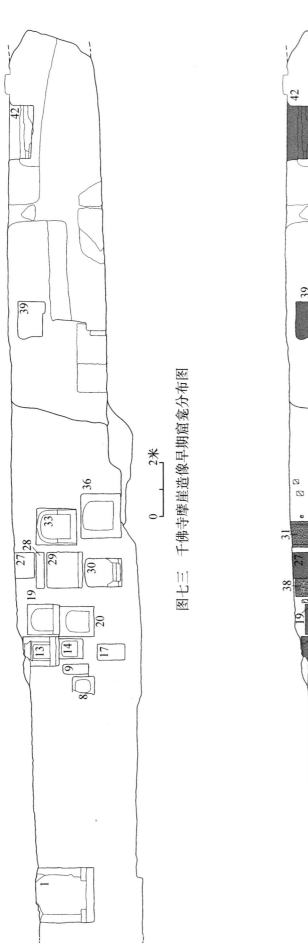

图七三　千佛寺摩崖造像早期窟龛分布图

0 2米

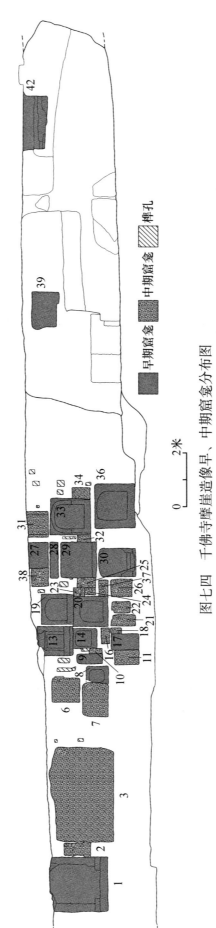

图七四　千佛寺摩崖造像早、中期窟龛分布图

■ 早期窟龛　　■ 中期窟龛　　▨ 榫孔

0 2米

■ 早期窟龛　　■ 中期窟龛　　■ 晚期窟龛　　▨ 榫孔

图七五　千佛寺摩崖造像早、中、晚期窟龛分布图

0 2米

的窟龛都是方形龛，尤其是竖长方形的观音菩萨造像最为常见，其次是地藏菩萨，也有文殊、普贤造像，早期龛中的一佛二弟子二菩萨等造像类型仍有出现，但是在附属题材的种类上缺少了力士、菩提双树等复杂背景，新出现了十六罗汉的题材。综合题记纪年和造像特征等因素判断，中期造像的年代为北宋初期前后。根据上述时代特征，第6、16、21、22、24、26、32、37龛很可能也属于中期开凿窟龛。在这一阶段，除了新开凿窟龛外，还对早期开凿的一些窟龛进行再桩，在窟龛集中处和一些主要的窟龛上还开凿榫孔，兴建了檐廊之类的保护性建筑。

晚期：是指处于明清时期的窟龛（图七五），共有4个龛（第4、12、15、35龛）。这一时期窟龛没有题记，主要从窟龛打破关系和位置两方面判断其时代。在前两期开凿的窟龛中见缝插针的第4、12、15、35龛，综合雕凿工艺和造像类型等因素，也应该属于明清时期开凿窟龛。晚期的千佛寺已经衰败，单龛规模、雕凿工艺都远不如前，题材方面也显杂乱，佛、观音、力士、供养人兼而有之。窟龛规模狭小，在龛壁处理方面更是简陋。

第三节　从庙堂到凡尘：浅析潼南千佛寺密教造像因素

自2011年重庆潼南千佛寺摩崖造像被文物工作者发现以来，相关研究就开始起步[①]。笔者对千佛寺摩崖造像进行了梳理，认为第20龛、第30龛、第31龛和第36龛带有密教因素，即人形天龙八部、菩提瑞像和毗沙门天王像。本文通过对这四龛造像的分析，来说明密教造像经历了一个由显入密的过程，进而探讨了唐代四川地区密教因素被民间信仰吸收和改造的趋向。

一、密　教　因　素

（一）第20龛、第36龛：人形天龙八部

第20龛位于窟群中部中层，外方内圆拱形双重龛。外龛高117、宽116、深50厘米，内龛高81、宽80、深32厘米。龛内组合为一佛二弟子二菩萨及人形天龙八部像。第36龛位于窟群中部下层，外方内圆拱形双重龛。外龛高136、宽163、深72厘米，内龛高107、宽107、深50厘米。龛内组合为一佛四弟子四菩萨，弟子和菩萨分列主尊左右两侧，后壁浮雕人形天龙八部九身。

起初，"天龙八部"是以听闻佛法的形象出现在佛经里，如东汉时期译出的大乘经典《佛说㮈女祇域因缘经》经首就说："如是我闻，一时佛在罗阅只国，与大比丘千二百五十人俱，菩萨摩诃萨、天龙八部、大众集会说法"[②]，经尾又云："人民大众，天龙八部，闻佛所说，欢喜奉行。"[③]除"天龙八部"外，佛经里面也有其他称谓，《舍利弗问经》经首云："如是我闻，一时佛住罗阅祇音树下，与大众比丘一千二百五十

---

① 重庆市文化遗产研究院：《重庆潼南县千佛寺发现唐宋摩崖石刻造像》，《中国文物报》2012年3月16日第8版；重庆市文化遗产研究院：《重庆潼南县千佛寺摩崖造像清理简报》，《考古》2013年第12期；重庆中国三峡博物馆、重庆博物馆：《重庆地区唐代佛教摩崖龛像调查》，《考古学报》2014年第1期。

② 《大正藏》卷十四，（东汉）安世高译：《佛说㮈女祇域因缘经》，第896页。

③ 《大正藏》卷十四，（东汉）安世高译：《佛说㮈女祇域因缘经》，第902页。

人俱，名闻十方结尽解脱，八部鬼神等愿闻法要"[1]，经尾云："旧德天人八部，皆大欢喜，作礼而去。"[2] 无论是"八部鬼神"，还是"天人八部"，它们都和"天龙八部"一样，以听闻佛法的角色比较程序化地出现在佛经的经首和经尾。在东晋时期，"天龙八部"的角色发生了变化，如密教经典《佛说灌顶经》中的"龙神八部"明显加强了护持功能[3]。在魏晋南北朝时期，颇受欢迎的《维摩诘经》明确了"天龙八部"的称谓[4]。《维摩诘经略疏》进一步解释了"天龙八部"的属性，并具象化了他们的形象[5]。在唐代，"天龙八部"的形象进一步人形化[6]。

结合千佛寺摩崖造像两龛人形天龙八部来看，仪轨和造像并没有完全一致。笔者认为，天众似天王像，披兽首或着甲胄；龙众的特征较为明显，顶上显出龙头；夜叉，因表现堕鬼神恶毒，喜啖生人，为狰狞面相，血口尖牙，怀抱小孩者；阿修罗与仪轨里三头六臂的描述一致，比较容易辨认；干闼婆和紧那罗都为乐神，形象比较接近，有长耳者为干闼婆，表现其喜好听乐，有头顶有长角者为紧那罗；迦楼罗是金翅神鸟，为面部有鸟喙者；摩睺罗伽是蟒神，为蛇绕颈部者。由此可以判断第20龛的人形天龙八部有天众、龙众、夜叉、阿修罗、干闼婆、紧那罗、摩睺罗伽等，第36龛的人形天龙八部有天众、龙众、夜叉、阿修罗、干闼婆以及摩睺罗伽等。

据笔者不完全统计，四川地区人形天龙八部题材的造像有30龛左右，主要集中在川北广元、巴中、成都平原以及川东等地，带有纪年最早者为广元皇泽寺贞观二年（628年）开凿的13号窟，然后是梓潼卧龙山贞观八年（634年）僧人道密开凿的四面龛[7]，其他带有纪年者有天宝十二年（753年）丹棱刘嘴8号龛和天宝十三年（754年）丹棱郑山51号龛[8]。以此为标尺，根据布局排列和局部特征，大致可将造像分为两类：一类有主次突出，较为突出龙众和阿修罗众，常出现在主尊左右最近的位置，比较容易辨识；一类排列无规律，较为随意，甚至在数量上也有增减，并不完全表现出"天龙八部"。前者主要集中在川北地区，时间大致在天宝之前，后者分布于成都平原及川东地区，时间大致在天宝之后。笔者认为川东地区千佛寺摩崖造像两龛人形天龙八部题材造像应属于后者。

早在密教兴起之前，天龙八部的形象就在显教系统的佛经中出现。从现存的造像来看，天龙八部的地位不高，造像常出现在一佛二菩萨的一铺三尊、一佛二弟子二菩萨的一铺五尊或一佛二弟子二菩萨二力士的一铺七尊身后，没有单独供奉的例子，表现的是听闻佛法，受教感化。天龙八部纳入图像仪轨是在密法兴起之后，地位得到了提高，护持功能得到了加强和重视。不过天龙八部造像特点并不严格按照密教经典图像仪轨执行，在粉本之上有较大的灵活发挥空间，它们的形象源自于显教系统，对显教艺术进行了吸收转化，并非密教独有。

---

① 《大正藏》卷二十四，失译：《舍利弗问经》，第899页。
② 《大正藏》卷二十四，失译：《舍利弗问经》，第903页。
③ 《大正藏》卷二十一，（东晋）帛尸梨蜜多罗译：《佛说灌顶经》卷十二，"是时当有诸天善神，四大天王龙神八部，当来营卫爱敬此经"，第533页。
④ 《大正藏》卷十四，（吴）支谦译：《佛说维摩诘经》卷上《佛国品第一》，"并余大威力诸天，龙神、夜叉、乾闼婆、阿修罗、迦楼罗、紧那罗、摩睺罗伽等，悉来会坐"，第519页。
⑤ 《大正藏》卷三十八，（唐）湛然略：《维摩诘经略疏》卷第二《佛国品之二》，"龙者是畜生道正报似蛇……八部一一皆约信法大小顿渐根缘，类前可知"，第582页。
⑥ 《大正藏》卷二十，（唐）不空译：《摄无碍大悲心大陀罗尼经计一法中出无量义南方满愿补陀落海会五部诸尊等弘誓力方位及威仪形色执持三摩耶幖帜曼荼罗仪轨》，"次摩睺罗伽身，蛇头贵人相……（次帝释身）圆光月轮中，安住妙高座"，第136、137页。
⑦ 王剑平、雷玉华：《6世纪末至7世纪初的四川造像》，《成都考古研究（二）》，科学出版社，2013年，第363页。
⑧ 王熙祥：《丹棱郑山——刘嘴大石包造像》，《四川文物》1987年第3期。

（二）第30龛：菩提瑞像

该龛位于窟群中部下层，竖长方形龛，圆拱形顶，顶残，龛壁平面呈弧形，龛左壁及右壁上部残。龛高120、宽104、深32厘米。目前对该龛主尊金刚座背屏上瑞兽、童子、鹏鸟等形象的考证比较明确。这组作为特定背光装饰的造像应是"六拏具"①，由此可辨认出伽嚧拏（大鹏）、婆啰拏（童男）、舍啰拏（兽王）以及漶漫不清、疑似为布啰拏的羯鱼吞兽的形象，具有鲜明的密教色彩。

此龛主尊造像有别于其他显教主尊佛像，十分引人注目。根据此前调查公布的资料，此类造像特点为头戴宝冠、戴项圈、戴臂钏、着袒右袈裟，结跏趺坐的菩萨化佛像题材在四川地区现有20龛②，广泛分布于广元、巴中、蒲江、邛崃、安岳、大足、潼南等地。根据造像的题记，可知其开凿时代从盛唐延续至晚唐。千佛寺摩崖造像第30龛主尊具备此类题材的大部分特征，再根据造像组合、特征类比，笔者认为此龛造像开凿的时代是唐代中期。

此类造像被一些研究者称为"菩提像"③"菩提瑞像"④，认为表现了悉达多太子在伽耶菩提树下降魔成道，依据广元千佛崖第366窟北壁近门处刻有的一通唐碑，碑额篆书"菩提像颂"，下行碑文"大唐利州刺史毕公柏堂寺菩提瑞像颂并序"⑤，以发现的造像题记为准，称之为"菩提瑞像"；另一些研究者认为此类造像是持明密教流行的"释迦如来顶上化佛"，即"佛顶佛"⑥。根据《陀罗尼集经》的说法，此类造像与菩提瑞像极其相似⑦，判断应为"释迦佛顶佛"。还有一些研究者认为这是密教主尊大日如来，即摩诃毗卢遮那佛⑧，这是比较传统的一种说法⑨，依据经典里对大日如来形象的描述⑩，将之判断为大日如来。另外，值得注意的材料是前述广元千佛崖第366窟菩提瑞像窟五代前蜀乾德六年（924年）的重刻妆彩记，明确说到

---

① 《大正藏》卷二十一，（清）工布查布译解：《造像度量经解》，第945页。

② 董华锋：《从菩提瑞像到毗卢遮那：信仰的变迁与造像的重生》，《四川大学学报》（哲学社会科学版）2013年第4期。

③ 李崇峰：《菩提像初探》，《石窟寺研究》第三辑，文物出版社，2012年，第190～211页。

④ 雷玉华：《试论四川的"菩提瑞像"》，《四川文物》2004年第1期；雷玉华、王剑平：《再论四川的菩提瑞像》，《故宫博物院院刊》2005年第6期。

⑤ 罗世平：《千佛崖利州毕公及造像年代考》，《文物》1990年第6期。

⑥ 吕建福：《中国密教史》，中国社会科学出版社，2011年，第257～261页。

⑦ 《大正藏》卷十八，（唐）阿地瞿多译：《陀罗尼集经》卷一，"于净室中安置佛顶像。其作像法。于七宝华上结加趺坐。其华座底藏二师子。其二师子坐莲华上。其佛右手者。申臂仰掌当右脚膝上。指头垂下到于华上。其左手者。屈臂仰掌。向脐下横著。其佛左右两手臂上。各著三个七宝璎珞。其佛颈中亦著七宝璎珞。其佛头顶上作七宝天冠。其佛身形作真金色。被赤袈裟"，第785页。

⑧ 《大正藏》卷三十九，（唐）一行：《大毗卢遮那成佛经疏》卷一，"梵音毗卢遮那者，是日之别名，即除暗遍明之义也。然世间日，则有方分。若照其外，不能及内。明在一边，不至一边。又唯在昼，光不烛夜。如来智惠日光，则不如是，遍一切处，作大照明矣，无有内外方所昼夜之别"，第579页。

⑨ 丁明夷：《川北石窟札记——从广元到巴中》，《文物》1990年第6期；邢军：《广元千佛崖初唐密教造像试析》，《文物》1990年第6期；常青：《试论龙门初唐密教雕刻》，《考古学报》2001年第3期。

⑩ 《大正藏》卷十八，（唐）善无畏、一行译：《大毗卢遮那成佛神变加持经》卷三，"当画大悲藏生大曼荼罗，彼安祥在于内心而造大日世尊，坐白莲华，首戴发髻，钵咤为裙，上被绡縠，身相金色周身焰鬘，或以如来顶印，或以字句，谓阿字门"，第23页；《大正藏》卷三十九，（唐）一行：《大毗卢遮那成佛经疏》卷四，"观作宝莲华台宝王宫殿，于中敷座，座上置白莲华台，以阿字门转作大日如来身，如阎浮檀紫摩金色，如菩萨形，首戴发髻犹如冠形，通身放种种色光，被绢縠衣，此是首陀会天成最正觉之标帜也"，第622页。

"重装毗卢遮那佛"①以及巴中南龛第103龛菩提瑞像三则后世粧彩记，都称此类造像为"毗卢遮那"②，这也是将此造像判断为大日如来的重要证据。

从时间上来看，三者传入中国有先后的顺序。关于菩提瑞像最早的记载是玄奘的《大唐西域记》③。据《历代名画记》记载"敬爱寺佛殿内菩提树下弥勒菩萨塑像，麟德二年（665年）自内出，王玄策取到西域所图菩萨像为样"④，说明王玄策将菩提瑞像带入了中国。玄奘西游是在贞观元年（627年）到贞观十九年（645年）期间，而王玄策于贞观十七年（643年）、贞观二十一年（647年）和显庆二年（657年）三度奉使天竺，菩提瑞像的粉本很有可能在这个时段被带入中国。

在玄奘西行求法之前，随着西域高僧的东来，早期密法已经开始传译于中国。西域僧人阿地瞿多于永徽二年（651年）在长安"慧日寺浮图院内，法师自作普集会坛"⑤，活动影响深远，他又在随后几年间译出《陀罗尼集经》，作佛顶佛法，奏请流通，普闻于天下。虽然毗卢遮那在大乘佛教中早有出现，表现形式为显教系统，但是密教大日如来（摩诃毗卢遮那）⑥的形象在开元三大士入华传译密法之前，即开元之前是不见诸汉译佛经的。大日如来独尊的地位是由善无畏于开元年间译出之《大毗卢遮那成佛神变加持经》（即《大日经》）确立的，由此毗卢遮那佛为密教的教主。

从教义性质上来看，菩提瑞像形象是显教题材，受摩诃菩提寺和那烂陀寺寺学的影响，偏重弥勒之学，对弥勒规临摹之像推崇备至⑦。其传入中国后，因为《陀罗尼集经》的传译，菩提瑞像与密教发生了联系，与佛顶佛的仪轨十分相似。《陀罗尼集经》序里很清楚地说明这十二卷经典是由《金刚大道场经》辑出的释迦佛顶坛供像法翻译的⑧，《金刚大道场经》又是起源在释迦牟尼成正觉的证道之地摩揭陀国的金刚道场⑨。而菩提瑞像也恰巧起源在摩揭陀国菩提树垣东的精舍，笔者认为这强烈地暗示着密教系统的佛顶佛仪轨受到显教题材释迦降魔成道的影响。佛顶佛和大日如来所出经典不同，并在宗教内涵上有很大区别，一是持明密教所供奉，是释迦牟尼佛上的化佛；一是开元三大士之后的密教主尊大日如来。所以，笔者认为佛顶佛不能与大日如来等同，却与菩提瑞像发生了重合。

从考古材料来看，四川地区现存最早的菩提瑞像造像题记是蒲江飞仙阁第60龛永昌元年（689年）造像。除此之外，已发现的菩提瑞像纪年题记还有4则⑩，其中并没有带有"佛顶佛"题记的明确证据。本来题记有"菩提瑞像"的广元千佛寺第366龛和巴中南龛第103龛造像上出现了后世重修粧彩记，将"菩提瑞像"题成了"毗卢遮那"，似乎将菩提瑞像等同于大日如来。

笔者认为菩提瑞像表现的是释迦牟尼降魔成佛，与大日如来并没有关系。菩提瑞像造像的发生、发展是动态的，明显地经历了一个由显入密的过程。在菩提瑞像传入之际，阿地瞿多在长安设坛传密，其佛顶作像

①　广元市文物管理所、中国社会科学院宗教所佛教室：《广元千佛崖石窟调查记》，《文物》1990年第6期。

②　巴中市文管所、成都市文物考古研究所：《巴中石窟》，巴蜀书社，2003年，第55、56页。

③　（唐）玄奘述，辩机撰：《大唐西域记》，广西师范大学出版社，2007年，第120、121页。

④　（唐）张彦远著，俞剑华注释：《历代名画记》卷三《东都寺观画壁》，上海人民美术出版社，1964年，第71页。

⑤　《大正藏》卷十八，（唐）阿地瞿多译：《陀罗尼集经》卷一《佛说陀罗尼集经译序》，第785页。

⑥　《大正藏》卷三十九，（唐）一行：《大毗卢遮那成佛经疏》卷一，"因有此三义，故世间之日不可为喻，但取其少分相似故，加以大名，曰摩诃毗卢遮那"，第579页。

⑦　李崇峰：《菩提像初探》，《石窟寺研究》第三辑，文物出版社，2012年，第190~211页。

⑧　《大正藏》卷十八，（唐）阿地瞿多译：《陀罗尼集经》卷一《佛说陀罗尼集经译序》，"敕追法师入内，邂逅之间，无暇复校。此经出金刚大道场经、大明咒藏分之少分也。今此略抄拟勘详定，奏请流通天下普闻焉"，第785页。

⑨　姚崇新：《巴蜀佛教石窟造像初步研究：以川北地区为中心》，中华书局，2011年，第230、231页。

⑩　雷玉华：《试论四川的"菩提瑞像"》，《四川文物》2004年第1期。

法与菩提瑞像释迦降魔成道的仪轨暗示着早期密教在传持之时对显教题材的改造，将密教因素积极融于其中（千佛寺第30龛菩提瑞像头光上的八尊坐佛似乎强烈暗示着佛顶法），这个阶段所谓的菩萨装佛像就是菩提瑞像和佛顶佛，尽管二者的宗教含义有很大区别，但是在艺术形式上表现出来却是一致的。开元三大士建立系统密教后，大日如来独尊的地位确立。成熟期的密教重三密修持，大日如来的形象并不像菩提瑞像一样公开传持。当毗卢遮那之名被粧彩在前代的菩提瑞像上时，说明了民间信仰对造像的认识并没有严格意义上的区分，将时代较早的菩提瑞像和佛顶佛当作大日如来供奉。民间的信仰并不会一丝不苟地墨守教科书一样的经典，更不能准确地区分上述三者的关系，而是根据自己的信仰需求，将情感寄托在形象相似的造像上，在潜移默化中将菩提瑞像、佛顶佛和大日如来等同了起来。

（三）第31龛：毗沙门天王

第31龛位于窟群中部上层，长方形双重龛，龛顶不存，应为1958年施工破坏所致。外龛残高78、宽94、深47厘米，内龛残高78、宽76、深40厘米。内龛凿一身天王立像，残身高61厘米，肩部以上不存。笔者根据造像的形制特点，推测其为五代至宋初的毗沙门天王像。

在佛教造像艺术中，毗沙门天王是以武士形象出现的，晚唐至五代是流行供奉密教毗沙门天王的时代，这个时期四川地区的毗沙门天王造像在巴中、夹江、邛崃、资中、安岳、大足等地都有发现，它们共同的特点是把武士形象的毗沙门天王作为主尊单独供奉。此类毗沙门天王造像与千佛寺摩崖造像第31龛在整体艺术风格上是高度相似的。

首先，毗沙门天王造像的一大特点是表现武士形象的战甲。千佛寺摩崖造像第31龛天王像身着战甲，腰束围裙，长甲及足，为山文样式。左手残，右手斜持剑杵。双足着战靴，立于圆形仰莲台上。五代时期较为重要的武士形象实例来自两处帝陵。四川成都王建墓中出土哀册褾首神像复原图有一披甲武士像[1]，身着长甲，过膝抵足，刻画出山文甲样式，与千佛寺摩崖造像第31龛主尊战甲几乎完全相同；南唐二陵中石刻和武士俑表现的战甲形式与王建墓中的披甲武士形象[2]、千佛寺摩崖造像第31龛主尊相比较，皆为长甲过膝抵足，铠甲细部表现形式也非常类似。从唐代出土的考古材料来看，武士形象几乎都是着明光甲，与五代时期武士形象差别明显。再结合四川地区晚唐五代其他毗沙门天王造像铠甲的风格，笔者倾向于千佛寺摩崖造像第31龛的时代上限为五代至宋初期。

其次，千佛寺摩崖造像第31龛莲台周围高浮雕五身地鬼半身像，面朝上方，怒目圆睁，作托举莲台状。此类地鬼形象是辨识毗沙门天王题材的另一个重要因素。虽然从四川地区其他毗沙门天王造像的地鬼来看，它们的数量不一样，但都出现在毗沙门天王的脚部，只露出半身或者头部，象征意义明显。《北方毗沙门天王随军护法真言》："其神脚下作二夜叉鬼，身并作黑色，其毗沙门面，作甚可畏形恶眼视一切鬼神势。"[3]《摩诃吠室啰末那野提婆喝啰阇陀罗尼仪轨》："其脚下踏三夜叉鬼，中央名地天亦名欢喜天，左边名尼蓝婆，右边名毗蓝婆。"[4]可知毗沙门天王脚下地鬼准确称谓应是夜叉。千佛寺摩崖造像第31龛主尊脚下五夜叉面部庄重静穆，并非痛苦狰狞之相，作抬举莲台状，表现出供毗沙门天王驱使的部曲关系，而非

---

① 冯汉骥：《前蜀王建墓发掘报告》，文物出版社，2002年，彩版。
② 南京博物院：《南唐二陵发掘报告》，南京出版社，2015年，第201页。
③ 《大正藏》卷二十一，（唐）不空译：《北方毗沙门天王随军护法真言》，第225页。
④ 《大正藏》卷二十一，（唐）般若斫羯啰译：《摩诃吠室啰末那野提婆喝啰阇陀罗尼仪轨》，第219页。

被镇压的魑魅魍魉。据《长阿含经》的记载①，可知此造像仪轨可能来自不同经典，举莲台的五夜叉应是般阇楼、檀陀罗、酰摩跋陀、提偈罗和修逸路摩。

毗沙门天王即佛教护法神四大天王之北方多闻天王，很早就出现在显教系统的佛经里。毗沙门天王有侍奉如来、护卫众生的职能。因常伴佛陀身边，听闻佛法，毗沙门天王精通佛理，常为他人说教弘法。在早期四天王并列的时代，毗沙门天王虽在排序中最末，但从《长阿含经》中对其他三位天王"诣毗沙门天王前，于一面立"②的描述来看，有突出毗沙门天王地位的意味。在《金光明经》里，虽还以四王并尊，但是毗沙门天王的排名已经为首③，并强调了四天王护法护世的职能。

在密教系统，北方天王毗沙门有"主诸鬼魅魍魉往来鬼神作灾异者，以神王名厌之吉"④的镇邪功能。开元三大士之不空传译《北方毗沙门多闻宝藏天王神妙陀罗尼别行仪轨》《北方毗沙门天王随军护法仪轨》《北方毗沙门天王随军护法真言》等经典，毗沙门天王开始受密教独尊，毗沙门天王的职能开始趋于万能。

《毗沙门仪轨》⑤《宋高僧传》有请毗沙门天王神兵救安西的记载⑥。唐代的毗沙门天王信仰源自西域于阗等地，因天宝年间西北用兵频繁，唐军祈求神灵庇佑胜利，毗沙门天王信仰与密教真言经咒结合在一起，迅速流传，转化成战神信仰，从西域于阗到敦煌，再到长安，进一步风靡全国。不仅如此，在开元三大士传译密法以来，毗沙门天王信仰进一步与民间信仰结合，出现了许多新时期的新功能，逐渐多样化，其中包括悉应诸愿⑦、祈求财富⑧、除暴安良⑨、祈求降雨⑩、治病救人⑪、驱魔除怪⑫等。

作为考古材料的毗沙门天王形象出现很早，敦煌莫高窟西魏时期第285窟就有了毗沙门天王形象。隋唐时期，毗沙门天王形象出现在纸画、绢画、壁画上，大量石刻造像在中原的出现是中晚唐时期随着密法兴盛而起的。据笔者不完全统计，四川地区现有毗沙门天王造像35尊，时代在中晚唐至宋初，主要分布地区在川中与川东地区。作为原本显教系统护法神的毗沙门天王经密教改造后体现了由显入密的特点，如"蜀市人赵

---

① 《大正藏》卷一，（后秦）佛陀耶舍、竺佛念译：《长阿含经》卷二十《第四分世记经四天王品第七》，"毗沙门王常有五大鬼神侍卫左右：一名般阇楼、二名檀陀罗、三名酰摩跋陀、四名提偈罗、五名修逸路摩，此五鬼神常随侍卫。毗沙门王福报、功德、威神如是"，第130页。

② 《大正藏》卷一，（后秦）佛陀耶舍、竺佛念译：《长阿含经》卷二十《第四分世记经四天王品第七》，第130页。

③ 《大正藏》卷十六，（北凉）昙无谶译：《金光明经》卷二《四天王品第六》，"尔时毗沙门天王、提头赖咤天王、毗留勒叉天王、毗留博叉天王，俱从座起偏袒右肩"，第340页。

④ 《大正藏》卷二十一，（东晋）帛尸梨蜜多罗译：《佛说灌顶经》卷七，第516页。

⑤ 《大正藏》卷二十一，（唐）不空译：《毗沙门仪轨》，第228页。

⑥ 《大正藏》卷五十，（宋）赞宁等撰：《宋高僧传》卷一《唐京兆大兴善寺不空传》，第714页。

⑦ 《大正藏》卷二十一，（唐）不空译：《北方毗沙门天王随军护法真言》，"供养毗沙门神通，行者心中所愿其神悉见。若行者不见神时，即虚空中有声云，汝但存心持诵，一切事汝欲者悉如意"，第225页。

⑧ 《大正藏》卷二十一，（唐）不空译：《北方毗沙门天王随军护法真言》，"又法若欲见功能天者，一日一夜不食。于佛前烧苏合香，咒白花一百八遍，以散神前，其功能天即自现身。随意所须一切愿满，所求财宝即得称意"，第226页。

⑨ 《大正藏》卷二十一，（唐）不空译：《北方毗沙门天王随军护法仪轨》，"又法欲降伏怨人暴恶之人，以苦练木护摩，又苦木之汁煮出，黄土和作设都嚧形，胸上书姓名七设都嚧，七日之中投火中，数数诵咒作印无疑灭"，第225页。

⑩ 《大正藏》卷二十一，（唐）不空译：《北方毗沙门天王随军护法真言》，"又法若欲乞雨时。取杏子一百八颗都咒三七遍。著有龙水中必得雨下。欲止雨时。取梧桐子火中烧之即止"，第226页。

⑪ 《大正藏》卷二十一，（唐）不空译：《北方毗沙门天王随军护法真言》，"若患耳风，咒苏二十一遍食之愈；若患眼，咒杏人油涂之立愈；若患肿，咒石榴黄一百八遍涂上即愈，或白檀香亦得；若患头病，咒大黄二十一遍，涂额上即愈；若患时气病，咒青木香末二十一遍，和水服之立愈；若患恶疮疥癣者，取利芦末和油涂上立即除愈"，第226页。

⑫ 《大正藏》卷二十一，（唐）不空译：《北方毗沙门天王随军护法真言》，"若欲辟除一切鬼神，咒白芥子及苏，咒一颗一遍，投火中烧之即得"，第226页。

高，好斗。常入狱，满背镂毗沙门天王，吏欲杖背，见之辄止。恃此转为坊市患害"①的例子说明毗沙门天王与民间信仰进一步结合，更具实用性。

二、四川密教因素与寺庙密教活动

虽然千佛寺摩崖造像里面仅4龛具有密教因素，在整体数量的比例中非常小，但是它们含有的历史信息和内涵却十分丰富。密教大概于5世纪在印度兴起，从6世纪开始传入中国，经历了一个陀罗尼密教、持明密教、真言密教到晚期密教的发展过程。8世纪初，有"开元三大士"之称的善无畏、金刚智传入胎藏界和金刚界密教，不空弘扬提倡，得到唐王室支持，形成密宗一派。唐代，在四川地区流行的密教正是这一派别。

从现存的唐代四川地区密教造像来看，密教信仰是十分流行的，主要题材有毗卢遮那佛、千手千眼观音、如意轮观音、十一面观音、药师变及夜叉十二神将、地藏变、菩提瑞像、六拏具、人形天龙八部和毗沙门天王等。四川早期的密教造像出现在川北的广元、巴中地区，如凿于武后时期的广元千佛崖莲花洞宝冠佛、巴中南龛第103龛宝冠佛，与洛阳龙门擂鼓台南洞、北洞出现的宝冠佛风格相似，受洛阳佛教造像影响明显。虽然带有密教色彩的造像开凿时间早于开元三大士的时代，但是其传播路线是大概可以确认的。川北广元、巴中处于中原南下入蜀的必经之道金牛道上，因此川北成为四川最早受到唐代两京地区密教造像影响的地区，而这种影响是持续的、递进式发展的。

随着开元三大士完善密教系统，四川地区密教造像的题材和分布范围也逐渐广泛，著名的密教造像有广元千佛崖第119龛十一面观音、巴中南龛第16龛如意轮观音、丹棱郑山第64龛千手观音、大足北山第3龛毗沙门天王造像等；带有密教仪轨因素的装饰如六拏具、人形天龙八部等，如广元千佛崖第86龛后壁上人形天龙八部、广元千佛崖第366龛六拏具座、巴中南龛第12龛六拏具座、蒲江佛尔湾第27龛人形天龙八部、忠县临江岩第2龛人形天龙八部等也在这一期出现。根据现存造像遗迹分布的情况，可以明显看出川北密教造像由水路和陆路向四川腹地传播的过程。水路可以由"利州（今广元）、阆州（今阆中）、果州（今南充）、合州（今合川）至渝州（今重庆），为山南区南北交通一干线"②，陆路可以"又果州西南行一百七十五里亦至遂州，遂州又西南陆行一百四十里至普州治所安岳县，又一百七十里至资州治所盘石县（今资中），又东南沿中江水（隋改名内江）六百三十里至泸州治所泸川县（今泸县）。此并通长安之大道也"③。唐代四川地区密教造像分布广，营造时间长，集中在川北、川西及川中地区，有一个由北至南、由西向东的传播过程，直到三峡地区衰落。

由此可见，唐代密教在四川的传播与南北交通的联系是十分紧密的，千佛寺摩崖造像应受北川石窟的直接影响。

与四川的情况不一样，以长安为中心的密教活动主要是在寺庙进行。大历年间，不空的弟子惠果主持长安青龙寺。惠果作为当时唯一传承胎藏和金刚两部密法的高僧，使得青龙寺成为密教的中心和最有影响的寺庙。

惠果法名远播，影响直至邻国，不少海外高僧都曾到青龙寺求学。日本佛教史上著名的入唐八家之一的

---

① （唐）段成式：《酉阳杂俎》卷八《黥》，中华书局，1981年，第76页。
② 严耕望：《唐代交通图考》第四卷《山剑滇黔区》，上海古籍出版社，2007年，第1163页。
③ 严耕望：《唐代交通图考》第四卷《山剑滇黔区》，上海古籍出版社，2007年，第1174页。

圆仁就是惠果的弟子，他曾经这样描述他在青龙寺的活动："四月四日，往青龙寺，入东塔院，委细访见诸曼荼罗"[①]"五月三日，此日于青龙寺设供养，便于敕置本命灌顶道场，受灌顶抛花，始受胎藏毗卢遮那经大法兼苏悉地大法"[②]"五月二十六日，于青龙寺天竺三藏宝月所重学《悉昙》，亲口受正音"[③]。

1963年，中国科学院考古研究所西安唐城工作队对青龙寺遗址进行了考古调查，于1973、1979和1980年对遗址进行了考古发掘。发掘了遗址寺庙西段的两个院落和中部的北门遗址，发掘面积不到总面积的七分之一，推测青龙寺的建筑至少还有六、七处，甚至更多[④]。青龙寺虽不及兴善寺和慈恩寺，但也占长安城大坊的四分之一，总面积达13万平方米[⑤]，足见其规模之大，与它在中国密教史上的地位是相符的。青龙寺的考古发掘，特别是编号为遗址4的台基的发现引人注目，它被研究者认为就是青龙寺密教仪式中十分重要的场所——灌顶坛[⑥]，可见青龙寺是一个密教灌顶道场，与显教寺庙区别明显。

唐代密教修持具有几个重要特征：第一，以修行的方式，身、口、意三密为秘密[⑦]；第二，以教说和传持的经典为秘密；第三，以宗教活动方式为秘密（圆仁关于密教仪轨的记载中就屡次提到绘曼荼罗、灌顶、坛法等仪轨，这些仪轨也在密教经典中有大量说明，尤其灌顶是密教僧人授予阿阇梨位的最高仪式，其行为地点都极为隐秘）；第四，以师徒的传承为秘密（圆仁有在青龙寺向天竺三藏宝月秘密学习的记载，亲口教法，秘授秘传）；第五，密教的支撑需要一个像青龙寺这样的寺庙，才能够形成聚集中心，有发挥辐射影响的可能。因此，笔者认为唐代密教寺庙的标志有三点，首先寺庙的住持是惠果这样的密法高僧，其次寺庙的主要活动按照密教的方式进行，最后寺庙的布局和装饰也需要具备密教色彩。

以此标准再来看待传入四川地区的唐代密教，实际上并没有形成一个真正意义上的宗派。四川唐代密教并无宗师传持。密教的传播离不开懂密法的高僧，如日本的空海在惠果门下学成归国，开启东密一派，自成一代宗师。根据《两部大法相承师资付法记》记载惠果传授金刚界曼荼罗和胎藏界曼荼罗两部大法给诸弟子[⑧]，其中"成都惟尚"是最有可能将密教在四川发扬光大的人，他不仅得惠果亲授两部密法，与空海是同门，还得到了阿阇梨位，是位知识渊博的高僧。但是，唐代四川佛教史并无这位"成都惟尚"的详细记载，四川密教并没有因为这样一个高僧而得到发展。究其原因，已不可考。

据郭若虚《图画见闻录》、黄修复《益州名画录》、李之纯《大圣慈寺画记》和范成大《成都古寺名笔记》等文献的记载，可推测唐代成都大圣慈寺绘有密教题材的壁画。据说大圣慈寺规模相当大，有96个分寺，绘画塑像也特别多，比如画诸佛如来1200余尊，画菩萨像10488尊，画诸天、帝释梵天68尊，画罗汉、神、僧像1785尊，画天王、明王、神像282尊，除此之外，还有大场面的壁画、经变画等[⑨]。但是，笔者认为缺乏更多的史料记载，尤其是考古材料的缺失，不能真正一窥大圣慈寺的全貌，至于这些密教壁画是不是和四川地区的密教因素造像一样，以很小的比例融于显教系统，很难猜测，因此也无法给大圣慈寺

---

① 〔日〕圆仁著，白化文、李鼎霞、许德楠校注：《入唐求法巡礼行记校注》，花山文艺出版社，1992年，第384页。
② 〔日〕圆仁著，白化文、李鼎霞、许德楠校注：《入唐求法巡礼行记校注》，花山文艺出版社，1992年，第389、390页。
③ 〔日〕圆仁著，白化文、李鼎霞、许德楠校注：《入唐求法巡礼行记校注》，花山文艺出版社，1992年，第406页。
④ 中国社会科学院考古研究所西安唐城工作队：《唐长安青龙寺遗址》，《考古学报》1989年第2期。
⑤ 杨鸿勋：《唐长安青龙寺密宗殿堂（遗址4）复原研究》，《考古学报》1984年第3期。
⑥ 杨鸿勋：《唐长安青龙寺密宗殿堂（遗址4）复原研究》，《考古学报》1984年第3期。
⑦ 《大正藏》卷三十二，（唐）不空译：《金刚顶瑜伽中发阿耨多罗三藐三菩提心论》，"所言三密者：一、身密者，如结契印召请圣众是也。二、语密者，如密诵真言令文句了了分明无谬误也。三、意密者，如住瑜伽相应白净月满观菩提心也"，第574页。
⑧ 《大正藏》卷五十一，（唐）海云：《两部大法相承师资付法记》，第787页。
⑨ 国家文物局教育处：《佛教石窟考古概要》，文物出版社，1993年，第159页。

的性质定论。

唐代四川地区的密教造像依托于显教系统，不仅数量上不占优势，而且在题材表现也多取自于显教题材，经历了一个由显入密的过程。这一特色是民间信仰对密教因素进行改造的结果，密教寺庙信仰和以造像形式表达出来的民间信仰有很大的不同。首先，从地理位置看，寺庙多集中在人口稠密的佳州上郡，对于城市的经济需求十分依赖；而石窟造像多在江河边依山而建，远离城市，并不受寺庙经济的束缚；其次，寺庙数量明显多于石窟造像数量，密教信仰比重并不高；再次，从功能上来看，早期石窟寺观佛入定的功能逐渐被寺庙取代，僧人们集中在寺庙进行学习、弘法，具有严密的纪律性；而民间发展起来的石窟造像多为消灾祈福等日常需求，开凿和供奉起来也十分便捷；然后，寺庙和民间活动的主要群体不同，寺庙是一个具有正规性且相对固定的僧团，而民间参与者较为松散，可以是达官贵族，也可以是平常百姓，也有所谓的"义邑"①；最后，两者营造造像的原因不同；高僧们追求的是对高深奥义的学习和理解，更加倾向于走上层路线，而民间信仰显得更加世俗化和现实性，并不需要寺庙那种学术性的知识，去经典化倾向相当明显。

三、结　语

以千佛寺摩崖造像四龛具有密教因素造像为代表的唐代四川地区密教艺术，经历了一个由显入密的过程。通过与长安密教寺庙及其活动特点相比较得知，唐代四川地区并没有存在过真正的密教宗派，流行更多的是经过改造和吸收的民间密教信仰，以密教因素造像为代表的表达形式实际上就是这一信仰和需求的体现。密教信仰到了民间发生了十分大的变化，最大的不同就是民间的拿来主义，只要有需求，密教信仰可以适用于任何地方，渗入民间各个角落，以各种方式表现出来。民间信仰下的密教因素实际上已经脱离了宗教理论的土壤，寺庙化的仪轨在它被社会化的过程中简化和变异。如果说寺庙密教在上层社会取得巨大成功的话，那么密教民间信仰在社会平民阶层则是如鱼得水。与其说是开元三大士等一众高僧改变了密教的发展轨迹，倒不如说是广大人民群众赋予了它持久的生命力。

---

① 　西哥（邹后曦）：《重庆地区隋至宋代佛教造像》，《巴渝文化》第二辑，重庆出版社，1991年，第307、308页。

第四章　千佛寺摩崖造像后续保护规划

2011年10月，重庆市文化遗产研究院向重庆市文化广播电视局（文物局）提交了《关于潼南千佛寺摩崖造像的阶段性工作报告》（渝考古文〔2011〕63号），对已开展的考古清理和相关研究等工作做出了总结。而针对揭露出的窟龛崖壁存在的危害，亟待进行深度排查，并提出相应的保护实施方案，因此我们充分考虑已暴露造像的保存需求，尽量保留千佛寺摩崖造像的完整性，全面提取遗址的历史文化信息，在充分了解病害和病变机理研究的基础上，对后续开展相应保护治理措施进行了如下规划。

一、配合抢救性考古工作现场保护的规划

尽管2011年9～12月，重庆市文化遗产研究院已经完成了对千佛寺遗址500平方米的抢救性清理，并在完成信息采集后，对发掘出的明清时期建筑基址进行保护性回填。但根据千佛寺摩崖造像现状及专家评议意见，为进一步廓清其规模、时代、文化内涵及价值，为保护、展示提供必要的科学依据，仍需开展一定程度的考古发掘清理工作。根据已完成的考古清理阶段性成果，经实地踏勘研究，计划针对岩体东西向延伸及造像窟前地面部分区域清理发掘500平方米，已向上级主管部门进行申报待批。但对于即将开展的考古清理工作，针对出土物的现场保护工作必须先做好预案，以及制订相应的后期利用的规划。摩崖造像后续保护规划流程详见图七六。

（一）出土文物的考古现场保护预案

考古工作强调文物出土现场的环境控制与文物的临时性保护处理，即现场保护。要做好文物的现场保护，首先应正确理解文物出土时的保存状况、保存条件以及出土后地面保存环境的变化。在考古现场，从控制文物的出土环境和加强文物自身稳定性入手。

对发掘出土的重要遗迹，现场要在初步评估后，采取临时性遮盖等措施，尽可能保证遗迹的温度、湿度不发生较大变化。对可能出土的遗物如金属器、瓷器、建筑构件等，采取"预防为主、抢救第一"的工作方针，一边提取，一边记录原始状况，做好发生各种情况的准备，及时安全地对出土文物进行采集。

出土文物的转移需要注意避光、隔热、防震、防雨、防生物污染等等。通常依靠人力搬运将临时包装的文物转移到保护工作间，或吊装至密封性较好的货运车辆，再转移至文物实验室。

考古发掘现场的文物保护工作，由于受空间、时间、设备、环境、材料、文物安全等多种因素的影响和制约，不能充分、全面地展开，深入彻底的文物保护工作还必须在设备完善的室内进行。针对出土文物种类的不同，进行相应的测试分析，另行制定针对性保护方案，并采用不同的清理修复方式进行保护修复操作。

（二）出土、采集文物的保护利用规划

对出土文物、采集文物应加强修复和科学保护，指定专门的文物单位负责收藏。

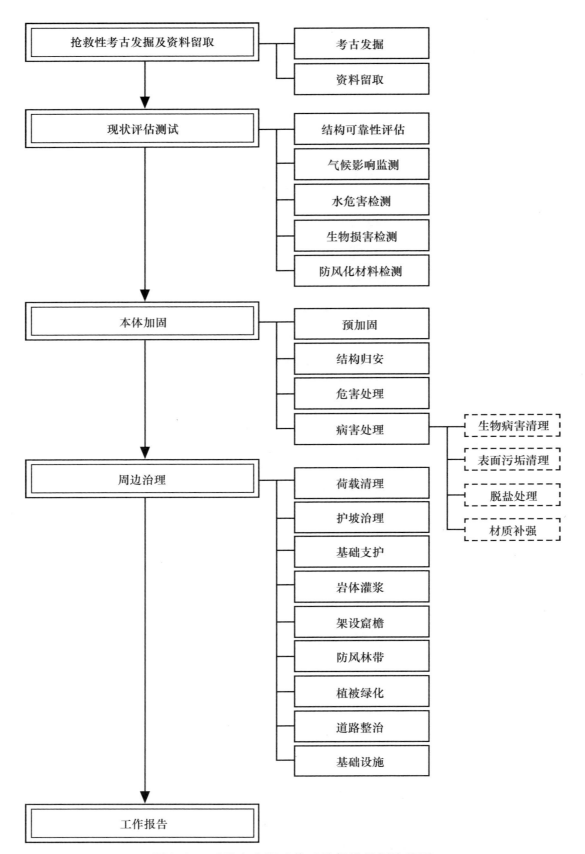

图七六　千佛寺摩崖造像后续保护规划流程图

　　对发掘出土的遗存均采取对文物本体及空间环境记录、测绘的方式留取资料。对于暴露的全部遗存均采取就地露明展示的手段进行原地保护，并与地方政府协商明确管理机构，划分管理权限，制定相应保护措施。

　　千佛寺遗址发掘对象具有重要文化遗产价值，已发掘的摩崖造像并不适合切割搬迁，应进行原址保护。其他遗迹视本次发掘揭露的情况，据重要性可采取原地保护或保护性回填等方式。考古发掘工作完成之后，应根据发掘揭露的具体情况，另行制定文物保护、展示方案。

二、摩崖造像后续保护规划

（一）环境现状调查

1. 地貌特点

潼南区地貌属盆地浅丘，由丘陵、低山、平坝及河谷组成，地势西北高东南低，海拔多在350～450米。地貌分区特征较明显，由北向南波状起伏，涪江、琼江穿境而过，将潼南区划分为北、中、南三部。北部多为低山高丘地形，中部多为低丘、中丘、缓丘地形，南部多为中丘、高丘地形，平坝主要分布在沿河两岸。

千佛寺摩崖造像属中丘区，相对高差约4米，依其特征可分为：①佛前斜坡区：坡角45°～60°，表面为坡积物；②佛身陡崖区：为砂岩，平均坡角65°左右，部分直立，相对高差约4米；③佛顶缓坡区：为砂岩，坡角5°～10°，相对高差2～4米。

2. 气候环境

潼南区属亚热带湿润季风气候区，气候温和，四季宜耕，降雨量分布不均，光、热、水分配同季。年平均气温17.9℃，最冷月（一月）平均气温7℃，极低温为–3.8℃，年平均稳定超过12℃的积温为5433℃。无霜期长，年平均霜期仅5.5天。年均降雨量为990毫米，年平均日照时数为1228.4小时。

3. 水体环境

潼南区内有涪江干流及其支流琼江穿境而过，交汇于合川境内，属涪江水系。过境洪灾和干旱较为突出，年均降雨量990毫米。千佛寺摩崖造像所在崇龛镇毗邻琼江，琼江自西北向东南从崇龛镇南侧流过，给整个区域带来的水汽蒸发量较大，易与空气中的污染物形成降水冲刷至摩崖造像表面。

4. 环境污染状况

依据重庆市环保局发布的《重庆市2011年环境质量简报》提供的2011年重庆郊县大气环境质量来看，千佛寺摩崖题刻所在区域的降尘、可吸入颗粒物以及二氧化硫和二氧化氮等有害气体含量均符合国家环境标准（表一）。

表一　2011年重庆郊县大气环境质量

降尘	5.05（吨/平方公里）	达标
二氧化硫	0.045（毫克/立方米）	达标
二氧化氮	0.032（毫克/立方米）	达标
可吸入颗粒物	0.083（毫克/立方米）	达标

以重庆市环保局发布的《重庆市2011年环境质量简报》，2011年重庆市酸控区所降酸雨频率为64.6%，降水pH值范围为3.15～8.23，均值为4.45。作为国家级酸雨控制范围的重庆市潼南区，千佛寺摩崖造像区域受酸雨影响巨大，空气中大量有害气体以酸雨形式降至千佛寺摩崖造像的表层上，对千佛寺摩崖造像表面造成长期腐蚀影响。这就是潼南区大气环境污染状况虽达标，但千佛寺摩崖造像仍风化严重的一个重要原因。

（二）主要病害类型现状调查与记录

千佛寺摩崖造像的病害主要指自然作用及人类活动所引起窟龛主体及相关环境的破坏现象。根据导致病害原因的不同，环境地质灾害可以分为两类：第一类是由于自然地质环境引起的病害，如风化、岩体失稳等；第二类是由人类工程活动的影响（如采石等）导致自然环境的变化，在改变后的自然环境影响下，引起原有（第一类）病害的加剧或诱发新的病害现象，如卸荷积载的结构失稳、酸雨侵蚀风化加剧等。

根据实地勘查，千佛寺摩崖造像顶部表面径流对岩体破坏较大，加之整个造像完全暴露于露天环境之中，所以窟龛的主要病害为裂隙切割及其导致的缺块崩落、岩体失稳以及流水溶蚀、生物侵害等直接破坏。

1. 残缺和裂隙

千佛寺摩崖造像本身由于修建崇龛水库时采石作业及碎石方掩埋等历史缘由，造成千佛寺摩崖造像崖体不全，大量造像及窟龛残缺，并由于采石作业等多重原因诱发裂隙发生，影响千佛寺摩崖造像基岩的稳定。

千佛寺摩崖造像底脚属于强风化岩体，已经由于采石、降水冲刷等原因将底脚部分逐步掏空悬置（图七七），局部崖体已经由于卸载力作用，基岩自身强度不足以支撑崖体稳定，已发生岩体断裂和脱落。

而千佛寺摩崖造像及其窟龛的残缺破损是十分广泛和严重的。其中窟龛较完整的，造像受损较小；但窟龛有残缺的（图七八），则造像受损颇大。千佛寺摩崖造像及其窟龛的残损，不但影响了摩崖造像的艺术完整性，也给造像的保存带来了负面作用。

图七七　千佛寺摩崖造像基岩底脚悬空并发生脱落

　　裂隙的存在与发育，与基岩和围岩上的情况休戚相关。细小裂隙发育说明千佛寺摩崖造像岩体处于不稳定状态。如果不进行相应处理，裂隙发育带上的岩石就有可能再次出现脱落（图七九）。

图七八　千佛寺摩崖造像大面积残损　　　　　　　图七九　千佛寺摩崖造像断裂裂隙情况

2. 表面剥落、溶蚀和盐析

　　千佛寺摩崖造像表面风化问题十分严重，主要表现在以下三个方面：表面剥落、溶蚀和盐析。

　　表面剥落现象的发生与水、降尘和盐析密切相关。阳光在平时可以直接照射到崖面位置，影响岩石表面温度，表面及内部产生温差引起的内外膨胀、收缩差异，导致石刻产生裂隙及脱落。另外，盐析和降尘会在这些区域的岩石表面发生富集，形成不均匀的外壳。表面岩石不均匀性在各种破坏应力作用下，造成此处的岩石表面出现片状风化现象，发生表面剥落（图八〇）。

　　千佛寺摩崖造像表层砂岩已经溶蚀，有些纹饰已经漫漶不清，消失难辨（图八一）。

　　千佛寺摩崖造像岩体中富含可溶性盐类，盐析破坏是造成千佛寺摩崖造像岩石窟群腐蚀的另一个不容忽视的因素。千佛寺摩崖造像崖揭露出来后，岩体表面的水分蒸发也随之变大，就加大了水分由内向外的迁移量，砂岩中的泥质胶结物质发生溶胀水化，可溶性盐发生迁移，直接改变了砂岩的结构，造成盐析危害（图八二）。

3. 表面彩绘脱落

　　千佛寺摩崖造像表面残存了一些彩绘（图八三），主要集中在千佛寺摩崖造像的人物造像以及窟沿周边，经过自然脱落、埋藏揭露等多种因素影响，仅在局部还保留着些许彩绘地仗层的残块（图八四）。

图八〇　千佛寺摩崖造像表面剥离片状脱落

图八一　千佛寺摩崖造像溶蚀情况

图八二　千佛寺摩崖造像局部盐析现象

4. 水迹

除了自然降水会对千佛寺崖面造成直接影响外，崖顶的渗水会由破损的窟龛口或直接顺着岩体冲刷下渗，形成了水流污痕，这也是导致千佛寺摩崖造像溶蚀、剥落的一个重要原因。千佛寺摩崖造像石质胶结物为泥质，泥质遇水容易发生水化作用，使泥质颗粒增大，引起石质膨胀，甚至使泥质随水流失，石质空隙增大而变得疏松，这也是千佛寺摩崖造像石质风化严重的一个重要因素。

有关研究表明，水分还使彩绘及其地仗中的胶料发生溶胀和脱胶，造成局部脱落。同时，流水中的污染物质也会沉积在文物表面，形成水渍污痕（图八五）。

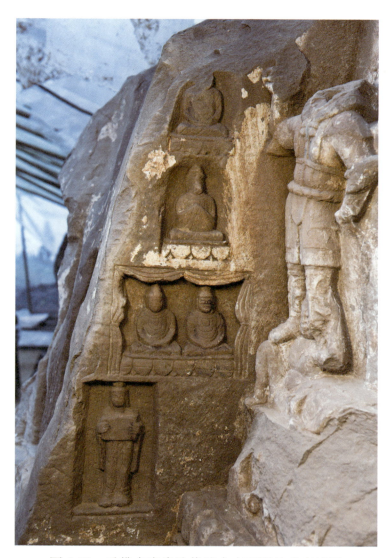

图八三　千佛寺摩崖造像表面彩绘残存情况　　　　　图八四　千佛寺摩崖造像壁龛表面彩绘残存情况

图八五　千佛寺摩崖造像窟内水侵情况

　　而且在千佛寺摩崖石窟岩体背后，因采石原因，开凿一大坑，是除崖顶降水集流外另一个造像石刻渗水的源头（图八六）。

图八六　千佛寺摩崖造像崖面水侵情况

5. 生物侵蚀

　　千佛寺摩崖造像虽凿山而建，但该摩崖造像于20世纪50年代修建崇龛水库开采石材时被碎石土石方掩埋，因重庆气候湿润，适宜大量植物广袤生长。至2011年8月，该处被当地私人老板挖取碎石施工将摩崖造像暴露出来后的考古清理中，仍可见深达造像崖面的植物根系分布。

　　植物根系在岩体的裂缝中生长，对裂隙两壁产生压力，这种压力据测算可达1～1.5MPa，最终导致岩石破裂，这种根劈作用，属于生物的机械破坏。千佛寺摩崖造像崖顶堆积的散碎石层，促使植物生长（图八七、图八八），逐步导致植物根系触及千佛寺摩崖造像本体（图八九），松动千佛寺摩崖造像基岩，破坏砂岩基体。

　　并且，伴随气候和水侵影响，微生物也会附着在水痕周围大面积生长，水流溶蚀、盐析出来的无机矿物质不但滋养着微生物生长，更促使微生物进一步对岩石机体进行蚕食。

6. 人类活动影响

　　千佛寺摩崖造像虽凿山而建，但是否经历历史上的几次灭佛运动而遭到破坏不得而知，也有一些窟龛内的石造像、浮雕石刻、碑刻题记还都完好、可以辨识。然而该摩崖造像于20世纪50年代修建崇龛水库开采石材时被碎石土石方掩埋，至2011年8月，该处被当地私人老板挖取碎石施工将摩崖造像暴露出来后才进行了

图八七　千佛寺摩崖造像崖顶植被覆盖

图八八　千佛寺摩崖造像崖顶植被生长

图八九　千佛寺摩崖造像植被根系

考古清理，使之完整地展现出来。

尽管工程类破坏由于文物保护部门的介入已经停止，但由于文化遗址的展现，必然会引起慕名游客的到访和观摩，游客的一些不文明活动对千佛寺摩崖造像也有一定的影响，如祭祀的烟火对造像窟龛会造成烟熏影响等。

综上所述，潼南千佛寺摩崖造像开凿在砂岩体上，由于近千年的自然腐蚀和人类活动影响，如今是残破不堪，伤痕累累。迄今为止，千佛寺摩崖造像出现了多种病害，如残缺和裂隙、表面剥落、溶蚀和盐析、表面彩绘脱落、水痕影响、生物影响等主要病害。特别是砂岩的稳定性、水害影响，已造成千佛寺摩崖造像破损残缺、纹饰模糊不清、彩绘残损不全。各窟龛造像主要病害情况详见表二。总体来说，千佛寺摩崖造像病害现状为严重级别，许多病害正在进一步恶化，急需采取抢救性保护措施。

潼南千佛寺

表二 千佛寺摩崖造像窟龛主要病害情况

窟龛编号	造像状况						备注
	整体状况	破损部位	风化情况	粧涂层损伤	水侵害	生物侵害	
1	较好	窟龛顶部残缺三分之一,右侧胁侍菩萨头部缺损	主尊背光、前襟、莲花座及右侧胁侍菩萨下颚等部位片状剥落	主尊背光、面部、脖颈处残留较大,衣襟表面残留较为零碎,窟龛左外侧残留较大	无明显水流痕迹,但窟龛缺损处为新的流淌下行通道口	窟龛顶部残缺堆积碎屑处有明显绿色植物生长	
2	一般	窟龛较小而不完整,造像面部及前胸、手部法器皆已缺失,左、右膝盖皆有破损。另有一明显断裂沿造像脖颈处贯穿窟龛	右足尖部风化剥落	无粧涂痕迹	无明显水流痕迹	无明显生物侵害	
3	一般	窟龛顶部小块破损,绝大多数造像头部缺损,造像手部及法器有不同程度的缺损	上层罗汉的背光以及下层罗汉像盘腿部位均有不同程度的片状剥落,窟龛顶部残缺处下面的罗汉像明显有溶蚀痕迹	窟龛顶部粧涂层保留较大,主尊弟子及下层罗汉皆留存零星粧涂层	无明显水流痕迹,但窟龛顶部小块破损处为新的流淌下行通道口	无明显生物侵害	
4	一般	窟龛较为完整,一半造像脸部有明显缺损	破损造像伴随有溶蚀痕迹	无明显粧涂痕迹	无明显水流痕迹	无明显生物侵害	
5	较差	窟龛被导水槽自上而下打破贯通	造像未完成,水槽区域皆被溶蚀	无明显粧涂痕迹	无明显水流痕迹,自上而下打破贯通	无明显生物侵害	
6	一般	窟龛残破,右侧造像自顶部到前胸及手部缺损	两尊造像中部有溶蚀现象	右侧造像残留小片涂装层	无明显水流痕迹	无明显生物侵害	
7	较好	窟龛顶部残破,中部造像头部及右肩缺失,左侧造像左肩及左膝破损,左膝下部有一裂隙贯通造像腰部	中部造像下部造型剥落,右侧造像面部、手部及腿部有明显的剥落痕迹	中部造像的衣襟下部以及右侧造像发饰、衣襟仍保留较大面积的粧涂层	窟龛表面水流明显	无明显生物侵害	
8	一般	窟龛破损	主尊及胁侍菩萨、弟子皆已风化不显	无明显粧涂痕迹	无明显水流痕迹	无明显生物侵害	
9	较好	窟龛完整,造像底部有缺损	造像从头至脚风化明显	窟龛外侧及造像裙摆处仍保留大片粧涂层	无明显水流痕迹	无明显生物侵害	
10	一般	窟龛不全,造像左臂缺失	造像面部及衣襟下摆剥落	造像背光、左肘以及衣襟裙摆处仍保留大片粧涂层	无明显水流痕迹	无明显生物侵害	
11	一般	窟龛不全,右侧造像额部以上及肩部、左手,左侧造像前胸、左臂以上皆破损,另有三条裂隙分别贯通造像顶上、额部及前胸	造像衣襟上不同程度的风化,足部有剥落	粧涂不明显	无明显水流痕迹	无明显生物侵害	
12	较差	整个造像不存	残余造像前胸部有剥离	粧涂不明显	无明显水流痕迹	无明显生物侵害	

续表

窟龛编号	造像状况						备注
	整体状况	破损部位	风化情况	粧涂层损伤	水侵害	生物侵害	
13	一般	窟龛外龛残缺，龛外造像皆头部缺失	窟龛下部有明显的溶蚀痕迹	窟龛上沿、外龛造像周围皆保留大片粧涂层	无明显水流痕迹，但窟龛顶部小块破损处为新的流淌下行通道口	无明显生物侵害	
14	一般	外龛有损伤，左侧金刚力士造像脸部缺失	内龛造像面部到衣襟皆风化严重	内龛造像及背光皆保留大片粧涂层	无明显水流痕迹，但窟龛顶部破损处与第13窟贯通为新的流淌下行通道口	无明显生物侵害	
15	一般	窟龛底角有缺失，造像底角有缺损	造像面部及衣襟皆风化严重	造像衣襟处仍保留些许粧涂层	无明显水流痕迹	无明显生物侵害	
16	较差	窟龛不全，造像基本缺失	窟龛内明显风化	窟龛内保留部分粧涂层残留	无明显水流痕迹	无明显生物侵害	
17	较好	窟龛顶部有缺损，右侧造像右肩到右臂、左手缺失，左侧造像右手及左臂缺失，另有一断裂裂隙贯通左侧造像头部	造像底部剥离	造像及背光皆有粧涂层残留	无明显水流痕迹	无明显生物侵害	
18	一般	窟龛不全，造像头部及左右手臂皆缺失	足部风化明显	背光及衣襟仍有粧涂层残留	无明显水流痕迹	无明显生物侵害	
19	较好	外龛不全，主尊造像头部缺失	胁侍弟子有局部剥离	内龛飞天及胁侍菩萨局部仍有粧涂层残留	无明显水流痕迹	无明显生物侵害	
20	较好	缺损较少	主尊造像坐台剥离，胁侍菩萨肩头风化明显	造像背光及胁侍弟子局部仍有粧涂层残留	无明显水流痕迹	无明显生物侵害	
21	一般	窟龛不全，造像背光、脸部、肩部、前胸及手部缺失	造像足部风化明显	造像背光及衣襟仍有粧涂层残留	无明显水流痕迹	无明显生物侵害	
22	一般	窟龛不全，造像背光、脸部、肩部、前胸、手部以及坐骑头部缺失	坐骑造像腹部及足部风化剥离明显	造像背光及衣襟仍有粧涂层残留	无明显水流痕迹	无明显生物侵害	
23	一般	窟龛不全，造像背光、面部、膝盖、坐台皆有缺损	风化剥离不明显	造像背光处仍有粧涂层残留	无明显水流痕迹	无明显生物侵害	
24	一般	窟龛不全，两尊造像头部至前胸皆缺失	左侧造像底座风化严重	造像衣襟下摆仍有零星粧涂层残留	无明显水流痕迹	无明显生物侵害	
25	较好	窟龛顶部有缺损	造像下部有明显的剥落	背光及造像脸侧有零星粧涂层残留	无明显水流痕迹	无明显生物侵害	
26	一般	窟龛不全，两尊造像背光、头部、前胸及双手皆缺失，另有一裂隙贯通两尊造像头部	肩部及足部风化严重，足下部有明显剥落	造像背光及衣襟下摆有零星粧涂层残留	无明显水流痕迹	无明显生物侵害	
27	一般	窟龛与主尊、胁侍菩萨造像上半身皆缺失	主尊造像坐台及台下纹饰皆风化有剥落	右侧胁侍菩萨仍有粧涂层残留	无明显水流痕迹	无明显生物侵害	

窟龛编号	造像状况						备注
	整体状况	破损部位	风化情况	粧涂层损伤	水侵害	生物侵害	
28	一般	窟龛顶部有缺损,造像有不同程度缺损,窟龛左下端有一开槽痕迹	造像皆有不同程度的风化剥落	部分造像背光及衣襟仍有粧涂层残留	无明显水流痕迹	无明显生物侵害	
29	较好	主尊顶部、手部、膝盖和右侧菩萨右手、左侧菩萨头顶皆有残缺	莲花底座下部及各小造像皆有不同程度风化剥落	主尊及胁侍菩萨背光、衣襟仍有粧涂层残留	无明显水流痕迹	无明显生物侵害	
30	一般	窟龛不全,主尊及菩萨、弟子脸部皆有缺失,另有一道裂隙贯穿右侧菩萨、弟子及主尊造像头部	主尊自头顶到右肩、前胸、盘坐及坐台皆已溶蚀,两侧菩萨足部也有剥落情况	菩萨及弟子背光和衣襟仍有粧涂层残留	无明显水流痕迹,但窟龛缺损处为流淌下行通道口	无明显生物侵害	
31	一般	窟龛及造像缺失上半部	造像左手及足下装饰皆有剥落	龛外侧仍有粧涂层残留	无明显水流痕迹	无明显生物侵害	
32	一般	窟龛不全,造像额头、脸部、手臂、盘坐皆有缺损,另有一裂隙自前胸贯通	表面溶蚀不明显	背光及衣襟仍有零星粧涂层残留	无明显水流痕迹	无明显生物侵害	
33	较好	主尊手部缺失	莲花座风化严重	造像背光、衣襟、莲花座等仍有粧涂层残留	无明显水流痕迹	无明显生物侵害	
34	一般	窟龛不全,造像面部缺损	造像手部及足下有明显风化痕迹	粧涂层残留不明显	水自右侧龛外渗入	无明显生物侵害	
35	较好	裂隙贯通造像眼部	莲花座底部略有风化	造像衣襟残留大片粧涂层	无明显水流痕迹	无明显生物侵害	
36	一般	窟龛顶部残缺,主尊及胁侍菩萨头部缺损	主尊手部及足部风化严重	背光及造像衣襟仍有大量粧涂层残留	无明显水流痕迹	无明显生物侵害	
37	较差	窟龛不明显	风化较严重	表层仍有粧涂层残留	无明显水流痕迹	无明显生物侵害	
38	一般	窟龛顶部缺损,造像头部、侍从造像缺损严重	主尊腿部风化严重	背光及坐骑身上仍有粧涂层残留	无明显水流痕迹	无明显生物侵害	
39	一般	窟龛较浅	窟龛顶部及造像皆有风化痕迹	没有粧涂层残留	无明显水流痕迹	无明显生物侵害	
40	一般	窟龛开凿未完成,有一裂隙上下贯通窟龛	表层风化剥落明显	没有粧涂层残留	沿断裂裂隙有水渗出	无明显生物侵害	
41	一般	窟龛开凿未完成,有一裂隙左右贯通窟龛	表层风化剥落明显	没有粧涂层残留	无明显水流痕迹	无明显生物侵害	
42	较差	窟龛及造像缺失上半部	表层风化剥落明显	没有粧涂层残留	无明显水流痕迹	无明显生物侵害	
43	较差	窟龛开凿未完成,有明显断裂	表层风化剥落明显	没有粧涂层残留	无明显水流痕迹	无明显生物侵害	

（三）拟开展病害观测计划

以已发掘出土的遗址遗迹为参考对象，进行千佛寺摩崖造像的岩体本体性能评估测试，并对后续具体实施的保护措施进行指导。

1. 岩体可靠性评估

以出土千佛寺摩崖造像的崖壁及周边遗迹为结构可靠性评估对象，以确定遗址所发生的风化影响和已造成的损坏程度。

（1）材质分析

对风化后的岩体进行孔隙率、吸水率和比重等多方面物理性质的测试，以了解材质的风化破损程度，为需要进行修补加固、材料替换等操作，提供数据支持。

（2）可靠性分析

包含风化影响分析、荷载勘察与计算、缝隙分析。

①风化影响分析：通过风化产物成分分析和风化产物分布特征，测定岩体发生风化影响的程度。

②荷载勘察与计算：对现存的岩体承重能力荷载进行分析，找出应力集中部位及薄弱环节。包括地面沉降分析和边坡稳定性分析。

③缝隙分析：对已有裂隙的数量、宽度、深度、分布等变化的诱发情况进行摸底调查，并对可能造成的错位情况和变形倾斜情况影响进行评估。

（3）影响危害评估

对遗址所在区域地质结构进行抗震评估。

2. 环境影响检测

针对遗址区范围内，设立小型气象站观测文物区小气候的变化。与地区气象站观测时间、方式一致，并根据观测资料汇成表格曲线使用，监测区域环境内的气候变化对遗迹本体所造成的影响。

（1）气候影响

主要包含气候变化、温度变化、降水量变化、蒸发量变化、气流变化、日照强度变化、地温差异变化、结露温度变化。

（2）环境污染

主要检测硫氧化物含量、氮氧化物含量、粉尘颗粒物含量。

（3）水危害检测

对地下水活动情况进行勘查，了解地下水位活动以及雨水冲刷对遗址区可能造成的危害程度进行评估。

①水质化学分析：对降水和地下水的水质污染情况进行评估，特别是酸碱性。

②地下水上升高度记录：记录地下水的波动情况，分析石窟遗迹等受毛细水影响范围，并明确可能进一步发生盐析状况的趋势。

③降水影响：主要了解降水对窟龛的溶蚀情况和冲刷侵蚀情况的影响。

④冻融测试。

（4）生物损害检测

对遗址区域内生长的生物进行分析测定以及危害评估。

①生物类型鉴定：主要有高等植物种类鉴定、地衣苔藓种类鉴定和霉菌种类鉴定。

②危害评估：包含生物生长作用危害和生物代谢影响。

3. 防风化材料性检测

对常用防风化材料应对千佛寺摩崖造像的耐候性能等进行筛选和性能对比试验。

（1）防护层结构性能包含渗透性、防护层内有效组成、荷载增加比、孔隙结构形态。

（2）物理性能包含孔隙率、透气性、固结强度、耐磨蚀强度。

（3）防水性能包含表面吸水率、透水性、憎水性。

（4）抗风化性能包含耐老化性能、抗冻融性能、安定性试验、干湿交替试验。

（5）化学稳定性包含耐酸性、抗污染性能、可溶盐含量测定。

（四）已知病害形成机理及影响因素类型

千佛寺摩崖造像目前处于露天环境内，因受自然环境及人为活动的影响和破坏，导致龛龛产生了上述病害状况，其中以表面风化对文物信息的保存影响最为直接。

1. 材质原因

千佛寺摩崖造像出现风化蚀损等状况，与其岩体石材化学组成、孔隙率大小以及胶结物类型等自身的性质有着直接的关系。石质的化学成分、孔隙率大小以及胶结物类型的不同，会产生不同的影响，从而决定了其抗风化能力的强弱。

雕凿加工摩崖造像基本都是依照自然山崖材质。因地貌、气候等地理条件的差异，决定了摩崖造像质地的不同，从而受到的影响不同。如大理石、汉白玉等以碳酸钙为主的石质，遇到酸性物质时，则会产生气泡。而主要成分为难溶的硅酸盐的花岗岩时，花岗岩的性质较为稳定，则为明显的化学变化。

而相同化学成分的石材，孔隙率较大的结构更为疏松，其机械强度相对较小，因而抵御各种外界影响的能力也较差，使得石材对水、酸等吸收能力增强，加快风化侵蚀的影响。

另外，石材的风化程度与其自身胶结物类型也休戚相关。以泥质（绿泥石、水云母和高岭土的总和）为胶结质的石材，比以硅质为胶结质的更易于风化。因为泥质胶结质在饱水状态下易于发生水化作用，使泥质微粒体积增大，造成石材膨胀，增大内部应力的不均一。因此，泥质胶结质含量越多，就越容易风化；而以硅质为胶结质的因其溶解性小、不因体积而变化的特点，较为稳定。

千佛寺摩崖造像石质属于泥质钙胶结砂岩，这是一种软质易风化剥落的岩石，其主要造岩矿物长石在饱水条件下最易化学风化。这就是崖壁底部的软弱夹层处产生风化凹槽的主要原因。

2. 物理因素

石材的物理风化作用也可称之为结构崩解，即在各种物理因素的作用下，石材由表及内崩解破碎成大小不同、形状各异的颗粒的变化过程。由于石材崩解一般都是由细小的裂隙发展而来，而细小裂隙则是由地质构造运动、自然环境及人类活动的影响而产生。这些裂隙大致可分为层面裂隙、构造裂隙、卸荷裂隙、风化裂隙。其中，层面裂隙是在成岩过程中形成的；构造裂隙主要指岩体受构造应力作用所产生的破裂面；卸荷裂隙主要是在近地表的岩体中分布，它是由于岩体中应力释放和调整而造成的；风化裂隙一般是指岩体表面风化带内产生的不规则裂隙。不过，当含有较多易风化矿物的岩层向下延伸得比较深时，它也有可能沿裂隙带伸展到岩体内部很深的部位。

裂隙的存在会严重影响岩体的稳定性及外观形貌。其危害主要表现在以下几方面：第一，裂隙的存在使得地表的雨水很容易进入崖体内部，是崖体水害的水来源之一。第二，各种裂隙发育相互切割贯通会导致岩体的整体坍塌和局部脱落，是岩体坍塌原因之一。第三，裂隙中被泥土填充，这些泥土遇水膨胀，失水收缩，对岩体产生间歇的膨胀应力。靠近裂隙的石刻基体容易在这种应力作用下出现机械裂隙，最终造成石刻基体的脱落或坍塌。

千佛寺摩崖造像岩体的裂隙情况主要包括构造裂隙与卸荷裂隙。这些裂隙的存在，不仅破坏了岩体完整性，同时成为空气、水汽和水的循环通道。随着这些裂隙的扩大，在影响岩体稳定性的同时还加剧了风化作用的发展，更加促使崖壁岩体易发生滑动和倾覆破坏，直接影响了崖壁岩体的稳定性。物理风化的产物为岩石碎屑和矿物碎屑，能影响发生物理风化的因素主要有热力作用、水溶作用、结晶作用以及动植物所施加的外力等。

（1）热力作用

热力作用对石材的物理蜕变产生重要影响。由于石材为热的不良导体，于是石材内外层热的传导有延时效果。当温度变化时石材表面较内部敏感，如白天受到阳光照射时外热内冷，夜间则外冷内热，产生温差现象，易造成内外膨胀与收缩不同步而导致裂隙产生。

另外，石材是不同矿物的集合体，组成石材的各种矿物颗粒的膨胀系数各不相同，甚至同种矿物的膨胀系数也会随着结晶方向改变，导致颗粒间的联结被破坏，从而产生机理各异、纵横交错的网状裂隙。由于差异胀缩，石材内部经常处于应力调整状态，从而扩大原有裂隙。温差变化造成破坏的强度主要取决于温度变化的速度和幅度，也与石材自身性质有关。当温度变化时，石材的表面与内部有温度差异。表层在膨胀或收缩过程中受到内部联动力的反抗作用，因热力温差造成的风化影响多为鳞片状剥落。

千佛寺摩崖造像所处的潼南区属亚热带湿润季风气候区，温度的日变化和年变化较大。其年平均气温17.9℃，最冷月（一月）平均气温7℃，极低温为-3.8℃，昼夜温差，季度温差可引起岩体热胀冷缩，势必破坏岩石的表面浅层结构，加速岩石风化剥落。

（2）水溶作用

水对岩体的物理破坏是通过溶解和结晶膨胀作用来实现的。尽管溶解作用会伴随化学作用的发生，但其中物理溶解的作用却是最直接的。依照作用层面不同，可分为裂隙渗水、孔隙渗水和毛细水。

①裂隙渗水：大气降雨或地表积水沿裂隙下渗至岩体，沿裂隙方向以点线状出露产生渗水点，在崖壁上沿各裂隙面可见到白色线条状或云朵状渗水痕迹。裂隙渗水的主要危害表现为：第一，在水沿裂隙直接渗入的过程中，裂隙水溶解、软化裂隙周边岩石。如可溶盐或胶体矿物连接的岩石浸水时，可溶盐或胶体水解，使原来较强的胶结联结变为较弱的水胶联结，联结力减弱，摩擦力降低，岩体强度降低。如果某些铝硅酸盐矿物在水的参与下分解成新的次生黏土矿物，岩体强度会显著降低，裂隙逐渐扩大，从而加速裂隙周边岩体的风化速度。第二，在裂隙水不断渗入和渗出的循环过程中产生水汽，特别是渗水在运动转移过程中，将可溶性盐带到岩体和石刻表面，随着温度和湿度的变化而产生的膨胀或收缩应力会对石材造成破坏。第三，当裂隙水运移不畅时，裂隙水在岩体中滞留，而砂岩孔隙率较大，透水性较强，滞留的裂隙水以孔隙水的方式

向外渗漏，造成崖壁局部潮湿，加速石刻风化破坏。第四，裂隙水在渗水处形成的渗水痕迹或渗水产生的钟乳石等钙垢物覆盖层给造像的观赏性造成较大影响。

②孔隙渗水：由于砂岩的孔隙率较大、渗水性强，地表水下渗进入岩层，转换成裂隙水和孔隙水。在地下水运移过程中，裂隙水和孔隙水之间也相互转换。孔隙水在补给侧水压力及自身重力作用下，沿崖壁临空面渗出，形成孔隙水渗水病害。主要危害表现在：第一，软化岩石，孔隙水直接从石刻本体渗出，软化石刻本体所附岩石，加速石刻的风化。第二，溶蚀破坏，孔隙水一般运移路线较远，在运动过程中水解溶蚀岩体中部分矿物（如长石、枯土杂基、胶结物等）并产生可溶盐，可溶盐的结晶膨胀使岩石松动圈表层酥碱、起皮或脱落，加速其风化破坏。

③毛细水：由于崖体距离地下水位较近，为毛细水的上升提供了水源条件，特别是崖体砂岩的大孔隙率提供了上升通道，导致崖体底部一定范围形成高低不等的毛细水带。随着雨季和旱季的更迭而出现和消失，并在毛细水的升降和干湿循环变化中造成盐分在岩体中迁移、富集、结晶或化学类型改变，引起崖体风化破坏。同时，毛细水的上升会使崖体底部长期处于潮湿状态，为生物提供了良好的繁殖生长环境，使得生物危害不断加剧。

（3）结晶作用

结晶作用造成的物理破坏是通过水的结晶作用包括水的结冰与盐分结晶两方面实现的。

①冻融作用：水在温度变化的条件下固、液相转化时，对石材产生的破坏作用。当气温下降时，石材内部渗入的水分会由液态水向固态冰转化，体积增大9%，产生相应的压力，直接对裂隙侧壁产生挤压作用。若气温在0℃上下波动时，冻融作用持续发生，石材内部裂隙不断扩大和加深，直至贯通崩解。

②盐结晶：在石材中可溶性盐类在干湿交替的环境中会结晶析出。结晶受潮后，其所含结晶水的数量由少变多，产生结晶压力和水化压力。因此，雨水、冷凝水、地下水等深入石材时，盐类体积增大所产生的压力可造成石材破坏。在外界条件作用下，盐由饱和状态向过饱和状态溶液转变而产生结晶现象，通常会伴有体积膨胀。盐结晶引起的膨胀，可在岩体内产生巨大的压力，造成岩石的破碎和剥落。通常情况下，随着水分子的不断移动、渗入和蒸发，可溶盐类溶解与结晶过程不间断地进行，不断增加破坏的程度。

3. 化学风化

岩石发生化学成分的改变，形成新的次生矿物，称为化学风化。例如，岩石中含铁的矿物受到水和空气作用，氧化成红褐色的氧化铁；水和岩层中的矿物作用，改变原来矿物的分子结构，形成新矿物。这些作用可使岩石硬度减弱、密度变小或体积膨胀，促使岩石分解。石雕的结构遭到破坏，成分受到改变，并产生一些在地表条件下稳定的新矿物，例如砂岩中的长石经水解作用会形成高岭石、伊利石、绿泥石、氢氧化钾和二氧化硅。水化作用和氧化作用均会在石刻岩体表层产生褐铁矿交代浸染。

（1）溶解作用

石材中的碳酸盐，在纯水中不易溶解，但当水中含CO_2时则易于溶解，形成碳酸氢钙，其化学反应式如下：

$CaCO_3+H_2O+CO_2=Ca（HCO_3）_2$

（方解石）　　　（碳酸氢钙）

碳酸氢钙易溶于水，可被流水带走，导致石材产生溶沟。即使是较难溶解于水的硅酸盐矿物，当水中含酸或碱度较大时，其溶解硅酸盐矿物的能力也显著增大。从而增加了岩石的孔隙率，降低了颗粒之间的连接性，使其更易遭受物理风化。

（2）水解作用

某些矿物质在水中出现离解现象，其离解产物与水中H^+和OH^-分别结合形成新的矿物质，使原矿物的结构被分解，这种化学作用称为水解作用。砂岩中的长石经水解作用形成高岭石、氢氧化钾和二氧化硅，其化学反应式如下：

$$4K[AlSi_3O_8]+6H_2O=Al_4[Si_4O_{10}](OH)_8+8SiO_2+4KOH$$

（钾长石）　　　　　　（高岭石）

其中，氢氧化钾和二氧化硅呈溶液或溶胶状随水迁移，只有难溶的高岭石呈粉末状残留在石材上。

（3）水化作用

石材中的某些矿物吸收水后，与水化合形成含水的新矿物，称为水化作用。例如：

$$CaSO_4+2H_2O=CaSO_4\cdot2H_2O$$

（硬石膏）　　（石膏）

$$Fe_2O_3+nH_2O=Fe_2O_3\cdot nH_2O$$

（赤铁矿）　　（褐铁矿）

水化作用形成的含水新矿物，其结构已不同于原来的矿物，硬度一般也低于原矿物的硬度。水化作用使石材沿裂隙产生堆积物和浸染。此外，水化作用常使新矿物体积膨胀，对周围环境产生强大的压力，这些又有利于物理风化作用的进行。

（4）氧化作用

大气中的游离氧或溶于水中的氧气使绝大部分矿物氧化，即矿物中的低价元素与水中或大气中的氧结合变成高价元素，这种化学作用叫氧化作用。如黄铁矿（FeS_2）可以被氧化成多孔疏松的褐铁矿（$Fe_2O_3\cdot nH_2O$），其化学反应式如下：

$$4FeS_2+15O_2+mH_2O\longrightarrow2Fe_2O_3\cdot nH_2O+8H_2SO_4$$

（黄铁矿）　　　　　　（褐铁矿）

氧化的结果使石材的表面产生黑褐色浸染，影响美观。同时因反应析出硫酸（H_2SO_4），对岩石有强烈的侵蚀破坏作用。

4. 生物侵害

生物侵害是指各种动物、植物以及微生物等有机体对石材的物理和化学蜕变作用。生物的物理作用如：植物根系在岩石缝隙中生长，根劈作用使石材的结构面不断张开，对裂隙两壁的压力可以达到1～1.5MPa，最终导致石材的裂隙扩张乃至破裂；而钻洞动物如蚂蚁、蚯蚓、穿山甲等可以通过疏松裂隙内的填土，不断扩大细小缝隙，造成新的裂隙扩张。

而生物的化学作用如植物新陈代谢中常析出有机酸、硝酸、亚硝酸、碳酸和氢氧化铵等溶液，腐蚀石材并在石材表面形成淀积物；动植物尸体腐烂分解的有机酸和二氧化碳、硫化氢等酸性气体，也会腐蚀石材；而且长期处于阴暗潮湿条件下的岩体，微生物会大量繁殖，使得石材表面长满地衣与苔藓，这些微生物分泌出来的有机酸也能腐蚀石材，它们不停地创造各种酸类物质，其分解能力远远超过全部动植物所具有的化学分解能力，在微生物的参与下可加速石刻岩体的化学风化作用。

（五）摩崖造像后续保护实施规划

1. 造像岩体保护规划

（1）岩体荷载清理

经实地调查，千佛寺摩崖造像岩体上部堆积大量工程弃土及碎石，经年累积，已对岩体稳定造成了严重威胁，而且容易滋生生物侵害等次生危害，如不进行卸荷处理，造像所在岩体将面临整体垮塌风险。另外，根据目前的考古发掘及调查工作情况判断，千佛寺摩崖造像除现已揭露的部分以外，其东、西侧60～80米范围内分布有摩崖造像的可能性极大。

针对上述因素，结合未来展示开放的空间需要，拟对千佛寺摩崖造像岩体向西延伸80米范围、向东延伸25米范围的岩体进行荷载清理。

考虑到文物安全等因素，为避免卸荷施工对文物造成不可逆破坏，在施工中不得使用大型机械操作，所有工作应采用人工方式进行。

（2）护坡治理

实施卸荷工作后，清理出来的场地会形成高斜坡地形。为防止水土流失及碎石坠落，应对卸荷后形成的各处高边坡进行护坡治理。为与文物本体及文物周边景观环境相协调，护坡治理工程建议采用生态治理、挂网等手段。

（3）基础支护

调查可知千佛寺摩崖造像岩体下部处在岩体风化带，由于地下水浸润等原因，已形成部分悬空，为确保文物安全，应制定方案进行基础支护。基础支护拟采用混凝土浇筑填充，并以锚杆固定连接岩体等方法，表面进行做旧处理，以符合文物整体景观风貌。

（4）岩体灌浆

经实地调查，千佛寺摩崖造像岩体已产生多处长度1米以上、宽度0.3厘米以上的裂缝，可观察到的最大裂缝长度在4米以上，急需加固保护。另外，因岩体局部有破碎，在实施过程中可能崩塌，应对岩体实施相应的加固措施。拟采用砂浆锚杆支护与局部挂网喷射混凝土相结合的施工技术，砂浆锚杆起与完整岩体相连接的作用，挂网喷射混凝土起表面破碎岩体封护的作用。

（5）架设窟檐

千佛寺摩崖造像坐北朝南，且原有窟檐已无存，防水、防晒、防风化功能完全丧失。为保护该文物及其岩体，拟复建窟檐。复建窟檐设计方案应符合"可识别"原则，其形式、规模应与文物本体及文物周边景观环境相协调。

2. 造像岩体水源治理

（1）顶部隔水与排水

卸荷后，文物岩体上部裸露，为防止雨水堆积并直接渗入岩体，于顶部拟建隔水层及排水明沟，将雨水引入岩体后侧排水。

（2）岩体后山积水清除

后山下地形凹陷易积水，拟采用抽水机将积水排干，然后采用碎石回填。文物岩体前地面略高于岩体底部，排水不利，建议对地面进行修整，使地面低于岩体底部，确保排水顺畅。并应于岩体前修建暗渠，将岩体后侧渗水引出。

（3）积水点改造

卸荷之后，文物所在岩体与其后侧山坡将形成高边坡地势。为防止雨水冲刷并渗入文物岩体，拟清理千佛寺摩崖造像岩上的各种积水点，建立迅速排除自然降水的通道。

千佛寺摩崖造像岩上各种积水点清理完全后，观察千佛寺摩崖造像变化三个月后，再进行各类需要触及文物本体的具体保护措施。

3. 造像岩体生物治理

（1）岩顶上植被调整

千佛寺摩崖造像岩顶上生长着很多乔木和灌木，其中很多植株危及到了摩崖造像和千佛寺摩崖造像岩体的安全，一些植株也存在危及千佛寺摩崖造像本体的潜在可能性。针对这类危及文物的树木，拟采取适当的措施。

植被调整的总体思路为在千佛寺摩崖造像头顶50米范围内，计划改变现有的乔木型物种群落，引进地被型的物种，同时适当点缀灌木，以达到与周边自然山体的过渡、最大限度地不影响山体原貌的目的。

（2）根植环境处理

清理树木根部的土壤，对根部造成的裂隙进行填补和防水处理，采用岩石填补裂隙后，拟用三合土〔1（石灰）：2（沙或细石粉）：1（黄土）〕夯实。

（3）微生物清理

针对微生物清除和其造成的各种色斑清洗，参考国内常用的物理和化学清洗手段相结合的方法，并且采用高效、低毒的防腐防霉剂进行保护处理。

（4）防风林带

千佛寺摩崖造像目前处于前期考古发掘阶段，缺少必要的保护设施。加之其坐北朝南，致使雨水、风等破坏因素直接作用于摩崖造像之上，对文物保护产生极大压力。潼南区日照时间长，昼夜温差大，日光直接暴晒于岩体上，加速了岩体的膨胀、裂缝及风化。

依据文物保护工作中"最少干预"原则，拟采用生态保护方法，即于岩体前约40米处种植长度约80米、行数2行、株距4米、行距6米的防风林带。种植树种应为高度8米以上、树冠较大的树木，以确保减少雨水、日照及风对岩体造成的直接影响。

4. 造像本体常规保护措施

针对石质文物所处环境的损坏程度和检测结果，拟进行表面清洁、脱盐处理等各方面的保护方法、材料等实验，以便选择出更适合石质文物的保护方法及保护材料，从而制定相应的保护修复措施、步骤和具体要求，对该摩崖造像石质文物进行有效的保护。

（1）表面清洗

①表面盐析的清洗

千佛寺摩崖造像表面沉积主要是降尘和析出盐分，拟通过机械清除方法进行清除，宜采用软毛刷和吸耳球，边轻轻刷除灰尘，边轻吹方式，清除表面浮尘。在操作时，应在清洗面下方设置灰尘收集装置，防止灰尘下落污染下面区域。

对于松散的盐析和降尘，拟在软毛刷清除后，进行纸浆贴覆的方式进行吸附清除，流水污痕也可采用这种方式尝试清除。局部清洗时要做好隔离措施，避免清洗试剂乱流带给其他部位的污染。一旦因操作不慎造成污染，应当予以及时清洗，采用电吹风加速纸浆蒸干。

不能用硬物清洗千佛寺摩崖造像，避免造成千佛寺摩崖造像表面的各种机械损伤。采用蒸馏水清洗残余化学试剂时，采用电阻率仪测试清洗溶液的电阻率变化，至数值稳定时，结束清洗。

②微生物和低等植物清理

对于滋生在千佛寺摩崖造像上的微生物和低等植物，拟采用机械方法清除表面滋生的微生物和其残体、分泌物质，结合如蒸气法、丙酮法等方式清除表面难去除的生物污染痕迹，并喷洒霉敌乙醇溶液达到抑制霉菌的效果。

（2）石质文物的脱盐处理

石质文物的脱盐处理，拟采用纸浆法和局部蒸馏水交替的方式来置换岩石表层下部的可溶性盐分，以达到脱除盐分在石材表面析出堆积的效果。

脱盐采用一些纤维材料作吸附剂，如纸浆、纸巾、脱脂棉、木浆、海泡石和活性白土等黏土矿物。先用去离子水润湿吸附材料，将纸浆等敷于要清洗部位，为了防止水的快速蒸发可用塑料薄膜将吸附材料覆盖起来。经过一定的时间揭开薄膜，随着吸附材料内水分的蒸发，所吸附的结晶盐析出。脱盐效果用电导计（盐分测量仪）测量置换溶液中盐分的含量，直至盐分置换读数不再增长即为干净。

（3）残裂修补

①残缺修补

由于千佛寺造像损坏严重，也缺乏足够的相关文献记载，对其形貌不能擅自塑造，因此仅针对影响窟龛风化侵蚀造像外观的断裂和残缺部位，并有可针对窟龛对称的现存造型予以修复稳固性处理。

对于小面积的残缺、裂隙和机械损伤，采用B72丙酮（或者乙醇溶液）调和脱盐的砂粉进行修补。砂浆中的砂粉选择与千佛寺摩崖造像岩类似岩性的砂岩制备，用蒸馏水反复清洗、脱盐。修补部位的颜色要和周围岩石相类似，要控制色差变化ΔE<10。修补部位要尽量符合文物原貌，不能损害文物的外观。

对于大面积的残缺和机械损伤部位，拟采用环氧树脂黏结补配石料进行修复，实施前需用B72溶液处理黏结面，局部可用支顶设备固定黏结块。补配石料应利用切割机、打磨机和砂纸进行成型处理，石料应该与千佛寺摩崖造像岩石材质类似，经过脱盐处理。对溢出的黏结剂采用吸湿纸吸除，防止污染石刻其他部位。修补部位的颜色要和周围岩石相类似，要控制色差变化ΔE<10。修补部位要尽量符合文物原貌，不能损害文物的外观。

②裂隙填补

千佛寺摩崖造像岩上存在多条裂隙，拟采用碎石块镶补，并灌入适量水泥砂浆加环氧树脂，并且对表面进行抹平、做旧和防水处理。

（4）加固补强

保护方案计划将千佛寺摩崖造像岩的各种积水点排干三个月后，再进行涉及文物本体的加固补强工作。

①岩面增强

对千佛寺摩崖造像表面强度较低的部位和围岩，拟选择湖北武大有机硅新材料股份有限公司的烷基硅烷WD-10进行封护处理。对酥粉严重的部位，采用雷玛仕公司生产专用硅酸乙酯岩石增强剂（Remmers 300）。

在进行保护施工时，做好防护措施。采用超声波测速仪分析处理前后样品的超声波传播速度情况，利用回弹仪测定砂岩加固处理前后的强度变化。

②彩绘稳固

彩绘清洗：拟用软毛笔或吸耳球将彩绘表面的浮尘清除干净后，对表面灰尘不易用干法去除的彩绘，采用棉签蘸取乙醇溶液，轻轻地反复清洗。

彩绘层加固修复：由于彩绘残损十分严重，仅能对现存的彩绘及其地仗进行加固。拟将翘起颜料层小片背部及表面的浮尘清除干净后，在底下的基岩上注入1%左右的B72乙醇溶液，裂口处和背面注入1.5%～2%的B72乙醇溶液，待黏结剂的溶剂挥发后，用自制软质工具，如木刀压平，再用白色绸缎包脱脂棉绑扎的棉球，对彩绘进行滚动排压，使颜料层和地仗层进一步结合牢固。

修补工作应有详细记录，对采用白灰的成分、颜色等物理数据也要进行表征记录。修补的彩绘要与周围彩绘相统一，尽量接近文物原貌特征，使其符合"远看一致、近看有别"的原则。

（六）工作量及进度规划

依据技术路线、主要措施步骤、工艺设备和不可预测风险情况，确定工期进度，详见表三。

表三　千佛寺摩崖造像保护项目工作进度计划

工作项目		时间（月）1	2	3	4	5	6	7	8	9	10	11	12
前期准备	1. 资料收集和现场勘测	▨	▨										
	2. 样品采集		▨										
	3. 样品分析、模拟实验			▨	▨								
	4. 编写方案				▨								
保护实施	1. 购买相关试剂、器材和工具					▨	▨						
	2. 水患治理					▨	▨	▨	▨				
	3. 搭建棚架、资料记录						▨	▨	■	■	■	■	■
	4. 摩崖造像本体保护实施								■	■	■	■	
	5. 编写报告、组织专家验收												■

注：▨ 第一阶段工作　　▨ 第二阶段工作　　■ 第三阶段工作

（七）保护修复后的保存条件建议

潼南千佛寺摩崖造像是处于开放式环境中，其保护必将是长期的和艰巨的。抢救性防治工程以治理水患、残缺、裂隙等严重病害为主，同时也将对千佛寺摩崖造像岩保护区进行一次大规模的整治。在保护修复后，有以下几个方面需要继续观察和监控：①邀请本地环境检测部门，长期检测千佛寺摩崖造像区域环境，特别是大气污染情况，如果大气环境污染指数严重超标，就寻找污染源，进行控制；②设立千佛寺摩崖造像区域环境检测系统，在千佛寺摩崖造像底部和围岩间的空隙中设立温湿度检测器，了解温湿度变化情况；③设计裂隙检测点，定时观测裂隙发育情况，为千佛寺摩崖造像长期稳定提供依据。

三、初步远景规划

（一）前期准备工作

1. 抢救性清理工作

包括造像清理、遗迹试掘、资料提取等。

2. 周边调查工作

对潼南县境内摩崖造像文物点进行了调查，为下一步实施整体保护规划打下基础。

（二）保护规划制订

1. 专项评估

明确发掘清理的摩崖造像为保护对象，对文物本体进行价值评估（文物价值与社会价值）、现状评估、管理评估，利用评估的结论和主要破坏因素或现存的主要问题，制订保护规划，制定有针对性的保护措施，提出展示、利用设计方案。

2. 保护区划

以文物本体为中心，确定重点保护对象和不同的区划等级或类别，同时结合《中华人民共和国文物保护法》和相关法律法规及环境地形编制各类保护规划的管理规定。

3. 保护措施

①制定保护措施：根据文物的价值与现状评估，针对破坏因素，结合保护目标，制定保护措施。以各项评估为依据，区分保护力度，划分保护措施等级。

②制订文物专项保护工程及其他工程规划。

③对保护范围内规划建造项目的必要性进行说明，编制选址策划，提出建筑功能设定、规模测算和建筑设计的规划要求。

4. 环境规划

参考历史环境资料，提出与文物环境相和谐的景观保护设计要求，包括环境风貌、视觉通廊、空间景观等内容。同时结合生态保护要求，确定植被类型与品种要求，制订绿化景观规划。

5. 利用功能规划

在文物保护区划的基础上，根据现存文物的特点及保存状况，制订利用规划。

6. 基础设施规划

结合保护利用的规划，制订保护规划范围内的基础设施规划，与区域相关规划相衔接。

（三）工作分期

一期：2011～2012年，进行考古调查、发掘，探明周边遗迹分布情况，基础资料提取，同时对出土的遗存进行专项评估，针对破坏因素，结合保护目标，制定保护措施。

二期：2012～2013年，开展第二期发掘，完善保护规划，着手启动保护工作。

三期：2013～2014年，按照规划要求，实施保护。

附　　表

附表一　千佛寺摩崖造像窟龛一览表

龛号	龛形	尺寸（高×宽×深/厘米）	主要内容	题记	粧修	打破关系
1	方形双重龛	212×208×129；181×152×103	一佛二弟子二菩萨	无	有	
2	长方形龛	96×58	地藏菩萨一身	无	无	打破第1、3龛
3	长方形龛	214×355×47	一佛二弟子二菩萨、十六罗汉	17	有	
4	长方形龛	98×740×40	供养人十八身	无	无	
5	拱形龛	108×85×18	无	无	无	
6	方形龛	97×96×33	地藏菩萨二身	无	无	
7	长方形龛	94×127×27	地藏菩萨三身	1	无	打破第8龛
8	方形双重龛	76×63×24；47×43×20	一佛二弟子二菩萨	无	有	
9	长方形龛	85×38×28	观音菩萨立像一身	无	无	
10	长方形龛	41×22×7	观音菩萨立像一身	1	无	打破9、14龛
11	长方形龛	89×68×13	观音菩萨立像二身	1	无	打破第17龛
12	长方形龛	38.4（残）×17	立像一身	无	无	
13	方形双重龛	126×122×78；56×54×41	无主尊，两侧各有天王一身	2	无	
14	方形双重龛	78×78×43；51×58×28	一佛八菩萨	无	有	
15	圆拱形龛	16×11×3	坐佛一身	无	有	
16	长方形龛	35×60×15	立像四身	无	有	打破第17龛
17	长方形龛	97×61×23	观音菩萨立像二身	2	有	
18	长方形龛	42×23×12	观音菩萨立像一身	1	有	打破第17龛
19	方形双重龛	116×110×52；86×90×34	一佛二弟子二菩萨	1	有	
20	方形双重龛	117×116×50；81×80×32	一佛二弟子二菩萨	无	有	
21	方形龛	77（残）×40×17	观音菩萨立像一身	无	有	
22	长方形龛	64（残）×45	普贤菩萨一身	无	无	
23	长方形龛	44×32	坐佛一身	无	有	打破第20龛
24	长方形龛	36×25×6	观音菩萨立像二身	无	有	
25	长方形龛	80×36×21	天王一身	无	无	打破第23、24、29龛
26	长方形龛	77×60×14	观音菩萨立像二身	无	有	
27	长方形龛	70（残）×100×10	一佛二菩萨	无	有	
28	长方形龛	30×130×7	坐佛七身	无	有	
29	方形龛	126×134×41	一佛二菩萨、五十菩萨、童子、菩提双树	无	有	
30	方形龛	120×104×32	一佛二弟子二菩萨	无	有	
31	方形双重龛	78×94×47；78×76×40	天王一身	1	无	
32	长方形龛	57×28×13	坐佛一身	无	无	打破第29、33龛
33	方形双重龛	146×137×62；103×91×34	一佛二弟子二菩萨	无	有	
34	长方形龛	64×42×9	天王一身	无	有	打破第33龛

龛号	龛形	尺寸（高×宽×深/厘米）	主要内容	题记	粧修	打破关系
35	方形双重龛	100×54×30；98×53×23	坐佛一身	无	有	
36	方形双重龛	136×163×72；107×107×50	一佛四弟子四菩萨	无	有	
37	长方形龛	32×60	立像三身	无	无	
38	长方形龛	62×70×15	文殊菩萨一身	无	无	打破第27龛
39	长方形龛	94×138×3	三通碑	1	无	
40	长方形龛	（96~108）×135	无	无	无	
41	仅见外形轮廓	141×267	无	无	无	
42	残存窟底	43（残）×286×256	立像一身、伎乐像	无	有	
43	方形龛	73（残）×112×48	碑刻	碑文1	无	

附表二 千佛寺摩崖造像窟龛分期统计表

	龛号	龛形	尺寸（高×宽×深/厘米）	主要内容	题记	粧修	打破关系
早期	1	方形双重龛	212×208×129；181×152×103	一佛二弟子二菩萨	无	有	
	8	方形双重龛	76×63×24；47×43×20	一佛二弟子二菩萨	无	有	
	9	长方形龛	85×38×28	观音菩萨立像一身	无	无	
	13	方形双重龛	126×122×78；56×54×41	无主尊，两侧各有天王一身	2	无	
	14	方形双重龛	78×78×43；51×58×28	一佛八菩萨	无	有	
	17	长方形龛	97×61×23	观音菩萨立像二身	2	有	
	19	方形双重龛	116×110×52；86×90×34	一佛二弟子二菩萨	1	有	
	20	方形双重龛	117×116×50；81×80×32	一佛二弟子二菩萨	无	有	
	27	长方形龛	70（残）×100×10	一佛二菩萨	无	有	
	28	长方形龛	30×130×7	坐佛七身	无	有	
	29	方形龛	126×134×41	一佛二菩萨、五十菩萨、菩提双树	无	有	
	30	方形龛	120×104×32	一佛二弟子二菩萨	无	有	
	33	方形双重龛	146×137×62；103×91×34	一佛二弟子二菩萨	无	有	
	36	方形双重龛	136×163×72；107×107×50	一佛四弟子四菩萨	无	有	
	39	长方形龛	94×138×3	三通碑	1	无	
	42	残存窟底	43（残）×286×256	立像一身、伎乐像	无	有	
中期	2	长方形龛	96×58	地藏菩萨一身	无	无	打破第1、3龛
	3	长方形龛	214×355×47	一佛二弟子二菩萨、十六罗汉	17	有	
	6	方形龛	97×96×33	地藏菩萨二身	无	无	
	7	长方形龛	94×127×27	地藏菩萨三身	1	无	打破第8龛
	10	长方形龛	41×22×7	观音菩萨立像一身	1	无	打破9、14龛
	11	长方形龛	89×68×13	观音菩萨立像二身	1	无	打破第17龛
	16	长方形龛	35×60×15	立像四身	无	有	打破第17龛
	18	长方形龛	42×23×12	观音菩萨立像一身	1	有	打破第17龛
	21	方形龛	77（残）×40×17	观音菩萨立像一身	无	无	
	22	长方形龛	64（残）×45	普贤菩萨一身	无	无	
	23	长方形龛	44×32	坐佛一身	无	有	打破第20龛
	24	长方形龛	36×25×6	观音菩萨立像二身	无	有	
	25	长方形龛	80×36×21	天王一身	无	无	打破第23、24、29龛
	26	长方形龛	77×60×14	观音菩萨立像二身	无	有	
	31	方形双重龛	78×94×47；78×76×40	天王一身	1	无	
	32	长方形龛	57×28×13	坐佛一身	无	无	打破第29、33龛
	34	长方形龛	64×42×9	天王一身	无	有	打破第33龛
	37	长方形龛	32×60	立像三身	无	无	
	38	长方形龛	62×70×15	文殊菩萨一身	无	无	打破第27龛
晚期	4	长方形龛	98×740×40	供养人十八身	无	无	
	12	长方形龛	38.4（残）×17	立像一身	无	无	
	15	圆拱形龛	16×11×3	坐佛一身	无	有	
	35	方形双重龛	100×54×30；98×53×23	坐佛一身	无	有	

附　　录

附录一　重庆潼南唐宋时期摩崖造像调查报告

潼南区位于四川盆地中部偏东，重庆市西北，东邻合川，西连四川安岳，南接铜梁、大足，北靠四川遂宁，涪江、琼江自西北向东南横贯县境。四川安岳，重庆大足、合川均为川渝地区石刻造像非常发达的地区，潼南区地处其中，发现有多处摩崖造像。据潼南区第三次全国文物普查调查资料，潼南境内共发现石窟寺及石刻60处[①]，以清代造像为主，其次为唐宋时期造像，另有零星民国时期造像。潼南区目前发现最早的龛像应为大佛寺东岩的隋代道家造像，有"开皇十一年（591年）""大业六年（610年）"的造像题记。唐宋时期的造像遗存发现有7处，为大佛寺、崇龛万佛岩、龙多山、五硐岩、后龙坡、玉溪万佛岩、崇龛千佛寺等摩崖造像（图一）。2011年12月，重庆市文化遗产研究院崇龛千佛寺考古工作队为了更加深入和全面地开展千佛寺摩崖造像的考古发掘与整理研究工作，依据潼南三普材料，对境内的其余几处唐宋时期摩崖造像进行了初步调查，在了解几处造像保存现状的同时，对其中一些保存较好的造像窟龛进行摄影、测量尺寸以及简略记述，并对能够粗略识别的题记进行了抄录。2015年9月，再次对上述几处摩崖造像进行了踏勘，主要是进行影像采集工作（图版四三、图版四四）。两次调查，时间都略显仓促，调查工作并未十分深入，都只是对几处摩崖造像整体情况进行了初步调查，对其中保存较好或比较重要的窟龛进行了尺寸测量、文字记录、影像采集等简单的信息采集工作，现将两次初步调查的情况简要介绍如下。

一、大佛寺摩崖造像

大佛寺摩崖造像位于潼南区梓潼街道办事处石碾村定明山，涪江南岸，北出松林山，东接书院坡，西连石燕沟。"鉴亭""大像阁""前殿（山门）""观音殿""玉皇殿"等木结构古建筑面江依岩排列，摩崖造像就分布在古建筑东西两端的崖壁上和距"大像阁"左后侧300米的崖壁上。造像龛群以大佛寺西村级公路为界划分为东岩和西岩两处。东岩自大佛寺鹰岩起至麻雀岩止，现存造像27龛，主要为隋代道教龛像，但其中最著名的是始刻于唐咸通年间、北宋靖康丙午年续刻佛身、绍兴辛未年竣工的摩崖弥勒佛坐像，其相关信息已有较多披露，此处不再赘述。西岩位于定明山西，俗称岩洞湾，因崖壁凿刻数百尊造像又被当地百姓称为"千佛崖"，潼南区文物保护管理所依其在大佛寺摩崖造像中的方位称为"西岩"，西岩则以唐宋时期的造像为主，现存造像78龛，多为唐宋时期作品（图版四五）。西岩造像龛群岩顶较平坦，为庄稼地，岩壁前生长有茂盛的竹子，再前为民居。岩壁呈"L"形，岩壁南部中段因自然灾害劈落，几龛造像也随之损毁，部分造像因遭受烟熏火燎风化严重，一些造像被改刻。西岩造像题材内容丰富，雕刻精美，但因时代久远，风化损毁十分严重，本文将选择保存较好的几龛造像进行介绍（造像龛编号沿用现窟龛外所见编号）。

---

① 潼南县文物保护管理所：《第三次全国文物普查潼南县成果集》，重庆大学出版社，2013年，第341页。

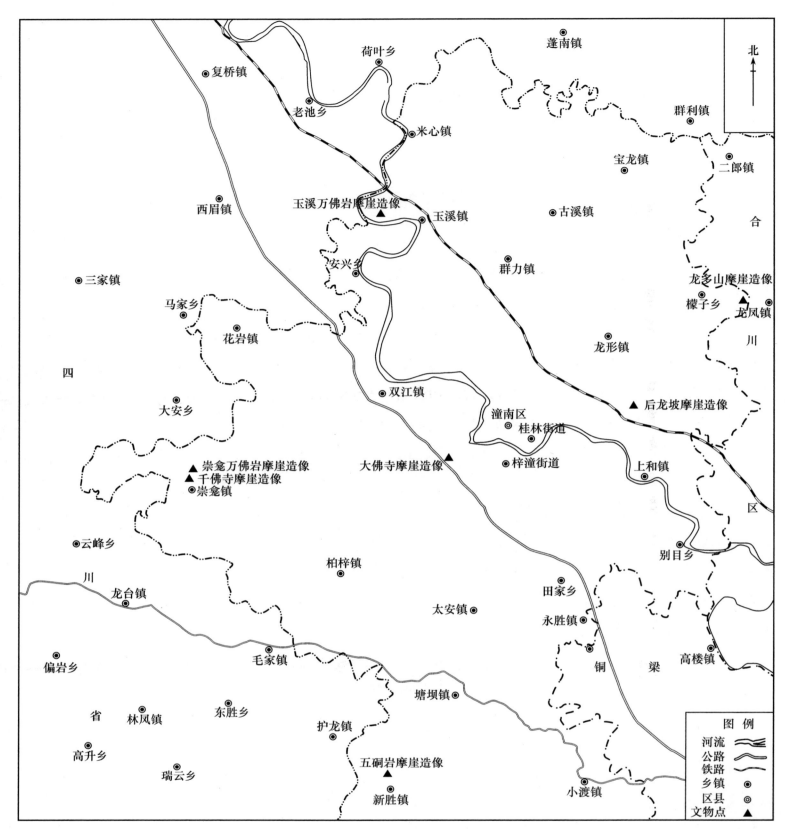

图一　潼南区唐宋时期摩崖造像分布示意图

（一）第4龛

方形双重龛。外龛平顶，高80、宽108、深50厘米，内龛顶略弧，高63、宽73、深25厘米。内龛外有尖拱形龛楣，花纹已风化不清。龛内雕一佛二弟子二菩萨二力士像（图版四六，1）。

正壁中央主尊坐佛高32厘米。尖桃形头光与圆形身光相叠成背光，背光内饰联珠纹、莲花纹、火焰纹。低肉髻，面部风化漫漶。颈部刻三道蚕纹。着通肩袈裟，阴刻"U"形衣纹。双手置腹前，施禅定印，结跏趺坐于方形仰莲台上。

主尊两侧弟子立像，均圆形头光，风化严重。内着僧祇支，外披袈裟，阴刻衣纹。双手置于胸前，跣足立于圆形仰莲台上。左像高29厘米，右像高29厘米。

弟子像外侧为菩萨立像，风化严重，尖桃形头光。头残。斜披络腋、帔帛在腹、膝前横过两道，向上绕腕后垂于体侧。左侧菩萨像高32厘米，左手执杨枝，右手持净瓶垂于体侧，立于台上。右侧菩萨像高32厘米，下身着长裙，双手斜执莲花于胸前，右手在上，立于圆形莲台上。

内龛外壁左右两侧力士像，风化不清。

（二）第30龛

方形双重平顶龛。外龛高150、宽147、深70厘米，内龛高97、宽129、深26厘米，外龛右侧壁残缺。龛内雕三世佛像，内龛外壁左右两侧下方各雕凿一身天王像，内龛坛前中间雕狮子像（图版四六，2）。

三世佛坐像，均雕凿有尖桃形头光与圆形身光相叠而成的背光。左侧弥勒佛坐像高58厘米，头光内饰一周锯齿纹，外饰火焰纹；身光内饰莲花纹，外饰火焰纹；螺发，面部漫散。颈部阴刻一道蚕纹。内着袒右僧祇支；外披双领下垂袈裟，一角自身后搭于右肩，上身阶梯状衣纹，下身衣纹呈对称弧形。左手抚膝，右手置右腿，握衣带。结跏趺坐于三重叠涩的长方形高台上。双足各踏一莲，莲踏与莲茎相连，周围伸出莲叶、莲蕾和莲花。中间释迦佛坐像高50厘米，头光和身光内饰莲花纹，外饰火焰纹。头残。内着袒右僧祇支，胸前束带，外披双领下垂袈裟，左肩系搭搏，衣摆悬覆台座，阴刻弧形衣纹。左手抚脚踝；右手竖中食指，余指弯曲，屈肘置胸前。结跏趺坐于须弥座上。底座和束腰均为八边形，中间为覆莲瓣。右侧过去佛坐像高50厘米，头光、身光与释迦佛相同。头残失。着通肩袈裟，衣摆悬覆台座，阴刻"U"形衣纹。双手置腹前结定印。结跏趺坐于须弥座上，束腰及基座呈八边形。

两侧天王立像，左侧天王像高43厘米，风化严重，双手杵剑。右侧天王像高45厘米，面部风化不清，身披甲胄，左手扶腰带，右手握杵。

佛座下设高坛，坛前雕狮子一对，兀目圆睁，前爪伏地，后腿蹬立，臀部上翘，尾巴卷曲于背，肥硕健壮。左侧狮头、尾部风化。

释迦佛座下有题刻，长27、宽13厘米，录文："敬造三世佛/三身右弟子/唐辅愿平安/永为供养/大中七年（853年）十二月/十二日记。"

（三）第64龛

外方内圆拱形双重龛。外龛平顶，高140、宽126、深53厘米，内龛高100、宽60、深45厘米。内龛外有尖拱形龛楣，饰忍冬纹带，左右两角雕飞天。龛内雕一僧人二弟子二供养人一天王一力士（图版四七）。

正壁中央僧人坐像高35厘米。有椭圆形头光和身光相叠而成的背光。头顶悬半圆形华盖，上层饰一周仰莲瓣纹，下层饰帷幔、流苏、联珠纹等。僧人头戴披帽，面部残。着交领大衣，阴刻衣纹。左手抚腿，右手置腹前，捧钵，钵残。大肚鼓圆。结跏趺坐于束腰三层仰莲台上，束腰饰仰莲瓣。

主尊两侧弟子立像，椭圆形头光与舟形身光相叠成背光，头光外围饰火焰纹，内饰一周素圆环。内着僧祇支，左肩斜披袈裟，一角搭于左手。左侧弟子像高40厘米，头残，右手垂于体侧，左手屈肘置胸前，跣足立于台座上。右侧弟子像高41厘米，下巴残，左手屈肘置胸前，右手略弯垂于体侧，身子略向左倾斜，跣足立于台座上。

弟子像外为供养人，尖桃形头光，饰火焰纹。头残，戴冠。着官服，交领长袍，系腰带。左侧供养人像高50厘米，左手屈肘置胸前，右手略弯垂于体侧，跣足立于仰覆莲台上。右侧供养人像高52厘米，左手垂于体侧，右手屈肘置胸前，手执杨枝，跣足立于仰覆莲台上。

内龛外侧左边为天王立像，高48厘米。戴头盔，颈系角巾。着短裙，身后披巾环绕，脚穿靴。左手屈肘上举过头，右手斜伸。左腿直立，右腿斜伸。足尖外撇，胯左出，立于山形台上。右侧为力士像，高48厘米。头残，袒上身，下着短裙，披巾环绕飘扬。左手下垂执金刚杵，右手上举。左腿左斜伸，右腿直立。足尖外撇，胯右出，跣足立于山形台上。

外龛左右龛壁有小龛，左侧龛壁开一个竖长方形浅龛，残高29、宽25、深2厘米，龛内雕三身供养人像。右侧壁开一个方形浅龛，高30、宽30、深2厘米，龛内雕二身供养人像。

该龛曾有题记，但已风化不清。据王玉调查[1]可知该龛最初应为晚唐时期药师佛造像，但从现存造像特征来看，该龛在宋代被改刻，主尊和胁侍改刻较彻底，改刻之后造像相对身材更矮小，背光上有明显改刻痕迹；内龛外左侧天王像亦应被改刻，原像应为力士像。

（四）第65龛

外方内圆拱形龛。外龛高143、宽125、深76厘米，内龛高107、宽103、深40厘米。内龛外有尖拱形龛楣，饰忍冬纹，左右两角雕飞天。龛内雕一佛二弟子二菩萨二力士（图版四八）。

内龛正壁中央主尊阿弥陀佛坐像高40厘米。尖桃形头光与圆形身光交叠成大背光，内饰莲花纹，外饰火焰纹。头残。颈刻三道蚕纹。着通肩袈裟。双手置腹前，结禅定印。结跏趺坐于束腰仰覆莲台上。

主尊左右两侧为弟子立像，圆形头光，身后彩绘巨大的火焰纹背光。头残。内着僧祇支。双手合十于胸前。跣足立于仰莲圆台上。左侧弟子像高46厘米，披双领下垂袈裟。右侧弟子像高50厘米，披袒右袈裟（图版四九，1）。

弟子像外侧为菩萨坐像，尖桃形头光与圆形身光相叠成背光，内饰莲瓣纹，外饰火焰纹。左侧观音菩萨像高48厘米，束髻，头戴花冠，面残。肩覆天衣，帔帛绕腕后下垂。下着长裙，裙摆悬覆台座。左手托瓶底，右手握瓶颈于胸前。右半跏坐于束腰圆台上，左脚下垂踩莲踏（图版四九，2）。右侧大势至菩萨像高47厘米，头残。戴项圈，身披璎珞。肩覆天衣，斜披络腋。一条帔帛经腹前绕腕后下垂。下着长裙，裙摆覆座。双手握一莲叶莲蕾于胸前，右手在上。左跏趺坐于束腰圆台上，右脚下垂踩莲台（图版四九，3）。

内龛外壁两侧各一身力士像，圆形头光。束高髻，头残。帛带飘扬，上身赤裸，肌肉丰满。腰系短裙，裙腰外翻，立于山形台上。左侧力士像高42厘米，双手置体侧，右手略外伸，上身右倾，腰左扭，右脚斜前伸。右侧力士像高42厘米，左手左下伸，右手上举过头，上身向左，胯右出，左脚斜前伸。

外龛左壁原有造像记一则，残宽36、长55厘米，风化严重，据资料录为："遂州遂宁县归义乡，百姓鲁殷并妻……佑平安，於当县南龛敬造救苦阿弥陀佛一身，观音、世至二身……（金）罡一對二身，弟子一對二身，右弟子……年正月廿……斋表庆毕，永为供养……"[2]。

（五）第70龛

外方内拱顶双重龛。外龛高130、宽117、深60厘米，内龛高128、宽124、深29厘米，内龛顶、壁略弧，内龛龛楣饰卷草纹。龛内雕观音立像一身（图版五〇，1）。

内龛正壁观音立像高81厘米，尖桃形头光与舟形身光交叠成背光，内饰莲瓣纹，外饰火焰纹。头顶上方

---

① 重庆中国三峡博物馆、重庆博物馆：《重庆地区唐代佛教摩崖龛像调查》，《考古学报》2014年1期。

② 潼南区文物保护管理所提供内部资料。

悬华盖，华盖两旁雕飞天，身姿窈窕，双手托盘，帛带飘扬。观音头残，宝缯下垂。像身风化，帔帛自肩下垂，绕肘后沿体侧下垂。跣足立于圆台上。

龛沿底部雕二狮，相向蹲踞，卷尾，前肢伏地，后腿蹬立。

外龛左侧壁有龙首碑一通，通长57、碑身长36、宽27、碑首宽30厘米。题刻风化严重，录文为："遂州遂宁縣古□□□爲女四娘□/在安居草市被贼惊恐，與女造/救苦觀世音菩薩一身願林與/女以智罗高父子百年保首贼盗/不侵灾障消除富貴不改今蒙成就/敬養大廔永爲供養大中八年（854年）五月三日。"

（六）第71龛

竖长方形双重龛。外龛平顶，高140、宽90、深45厘米，内龛略呈拱顶，高130、宽77、深24厘米。内龛龛楣饰卷草纹。龛内正壁雕一身观音立像，左右上方各雕一身飞天（图版五〇，2）。

观音立像高86厘米。尖桃形头光与椭圆形身光相叠成背光，头光内饰锯齿纹，外饰一周火焰纹；身光内饰莲瓣纹，外饰火焰纹。头戴高冠，宝缯披肩。面部风化不清。颈部阴刻两道蚕纹。戴项圈。肩覆天衣，左肩斜披络腋于右腰侧绕向身后。一条帔帛于双腿前横过一道，向上绕过手腕后垂于体侧。袒上身，下身着裙，裙角垂地。左手持净瓶垂于体侧，右手屈肘置腰侧，手握帔帛。双腿并立，跣足立于台上。

左侧龛壁有一长方形浅龛，高30、宽16、深4厘米。内有一身造像，像高25厘米，风化不可辨。

龛顶两侧雕飞天，姿势相对，左侧飞天风化不清，可隐约见帛带飞扬。右侧飞天缩髻，帛带绕身，祥云承托，做飞翔状。

外龛右外壁有题记一则，长57、宽11厘米，录文："敬造救苦觀世音菩薩一身，大中九年（855年）二月八日，弟子鄭林永为供养。"

（七）第73龛

长方形平顶龛。高70、宽281、深41厘米。龛内高浮雕十佛像（图版五〇，3）。

龛内佛像饰尖桃形头光，除左起第五身造像倚坐双足踏莲之外，其余佛像均结跏趺坐于四层仰莲台上。左起第一身像高27厘米，风化严重，头、腿、莲座残。第二身像高35厘米，头、肩、腿残，双手置腹前。第三身像高34厘米，严重风化。第四身像高35厘米，严重风化。第五身像高47厘米，馒头髻，身披袒右袈裟，左手抚膝，右手残。第六身像高35厘米，风化严重。第七身像高33厘米，头残，着双领下垂袈裟，左手抚膝，右手屈肘于胸前，施无畏印。第八身像高33厘米，头残，着双领下垂袈裟，双手置腹前。第九身像高32厘米，头残，着通肩袈裟，"U"形衣纹，双手置腹前结禅定印。第十身像高30厘米，头残，着通肩袈裟，"U"形衣纹，双手置胸前作说法印。

二、玉溪万佛岩摩崖造像

万佛岩摩崖造像位于潼南区玉溪镇青石村八社岩壁上，造像坐北朝南，调查发现造像龛23龛、僧人窟1座、碑刻3通，分布于长60、高10米的崖壁上（图版五一，1）。万佛岩后靠碉楼坡，前为缓坡，崖下约300米处为涪江，周围植被以低矮灌木为主。该处造像风化、残损十分严重，大部分龛像几乎风化无存，仅可见造像轮廓，保存相对较好的造像也大多头部残缺不全。本文中主要就僧人窟内的部分龛像进行简要介绍。

僧人窟分布在整个造像群的中段，窟底即为现地面，现位于一简陋房屋建筑内，旁边为当地信众修建的小寺庙，窟前有用于信众斋馔时的灶台厨房，窟内一侧堆有木料柴火，窟口的造像被烟熏覆上黑灰。窟口高185、宽215、进深500厘米，窟内目前可见造像龛9龛，两侧壁及后壁均有，右侧壁近窟口部分造像保存相对较好，窟内造像龛自右向左依次编号为第1～9龛。

（一）第1龛

外方内圆拱形双重龛。外龛高92、残宽92、深25厘米，内龛高68、宽69、深16厘米。内龛外有尖拱形龛楣，分散饰五朵团花。龛内雕一佛二弟子二菩萨二力士像，内龛底部龛前中央雕一香炉，两侧雕相向蹲伏的狮子（图版五一，2）。

正壁中央主尊坐佛高38厘米。外尖桃形内圆形双重头光，内饰五朵团花。头残。内着袒右僧祇支，外披双领下垂袈裟，衣摆呈三角形悬覆台座。左手抚膝，右手残。双膝残，结跏趺坐于须弥座上。台座束腰处饰方格团花纹，台基为单层覆莲瓣。佛像头光两侧各雕一菩提树。

主尊两侧弟子立像，圆形头光。头残，着交领袈裟。双手置胸前，跣足立于台上。左侧弟子像高42厘米，脖子青筋凸出，袈裟一角搭于左手。右侧弟子像高44厘米，风化严重。

弟子像外侧为菩萨立像，均尖桃形头光，内饰一周联珠纹，联珠纹外饰五朵团花。头残，梳高髻，宝缯垂肩。戴项圈，披"×"形璎珞。斜披络腋，帔帛在腹、膝前横过两道，绕臂后下垂于体侧。下着长裙，裙腰外翻。跣足而立。左侧菩萨像高50厘米，左手屈肘置体侧，右手戴腕钏，提帔帛垂于体侧，胯略右出。右侧菩萨像高50厘米，左手垂于体侧，右手屈肘置体侧，胯左出。

内龛口两侧为力士像，仅剩左侧力士，残高36厘米，圆形头光，上身残。左手上举过头，右手右斜伸，横持金刚杵。上身右倾，扭腰提胯。腰系带垂于双腿间，着三叉短裙。双腿分开呈"八"字形立于山形台上。

内龛底前中央雕香炉，残，左右各雕一身相向蹲踞的狮子。

（二）第2龛

位于第1龛左侧，竖长方形平顶龛。高100、宽54、深20厘米。龛内雕一身菩萨立像（图版五二，1）。

菩萨像高82厘米。尖桃形头光，头光内饰一周双重莲瓣纹，外饰五朵团花。头残，戴高冠，宝缯垂肩。戴项圈，披"×"形璎珞。左肩斜披络腋，一条帔帛自双肩垂下，于腹、膝前横过两道，绕腕后下垂及座。下着长裙，腰束带，裙腰外翻，下垂及座。双手垂于体侧，跣足立于仰莲台上。

（三）第6龛

位于僧人窟右壁后段，长方形浅龛。高185、宽250、深15厘米。龛内高浮雕五身立像（图版五二，2）。

立像均有尖桃形头光，头残。帔帛绕身下垂，像身风化严重，很难辨识。自左向右第一身像残高142厘米，第二身像残高140厘米，第三身像残高150厘米，第四身像残高152厘米，第五身像残高147厘米。

三、崇龛万佛岩摩崖造像

崇龛万佛岩摩崖造像位于潼南区崇龛镇柿花村二社山顶，南距千佛寺摩崖造像约1.5千米，前为南家沟，造像岩壁前有一条通往遂宁大安乡的村级公路，附近有两座民居，崖前有一座信众搭建的小庙，名"万佛寺"。造像多坐南朝北，主要分布在东西长约100、高3米的岩壁上，公路下方坎上有少量分布，残存造像80

余龛400余尊，面壁自左向右依次编号（图版五三）。该处造像规模较大，题材丰富，但年代久远，常年受到风雨侵蚀以及人为破坏，风化严重，保存较好的相对较少，大多被毁，中段造像多被改刻和重新彩塑。此处仅选择几龛保存较好的造像进行介绍。

（一）第2龛

方形双重平顶龛。外龛高105、宽124、深64厘米，内龛高100、宽107、深22厘米。龛内雕一佛二弟子二菩萨像（图版五四，1）。

正壁主尊毗卢遮那佛坐像高46厘米。外尖桃形内圆形双重头光，边缘饰火焰纹。肉髻残，面部漶散不清。着双领下垂袈裟，左肩系搭搏。左手抚左膝，右手屈肘置胸前。结跏趺坐于束腰莲台上。

主尊两侧弟子像，圆形头光。身着交领袈裟。双手合十于胸前。跣足立于双层仰莲台上。左侧像高30厘米，右侧像高35厘米。

弟子像外侧为菩萨像。左侧文殊菩萨像高32厘米，圆形头光，梳高髻，戴冠，宝缯垂肩；面部漶散不清；肩覆天衣，披巾自双肩垂下，绕肘后下垂，腰系长裙；左手横置胸前，持物，右手抚膝，结跏趺坐于双层仰莲上。座下雕一侧身狮子，足踏长茎仰莲，前有一牵狮人像。右侧普贤菩萨像高30厘米，圆形头光，宝缯垂肩；肩覆天衣；双手执物于胸前，左手在上，结跏趺坐于台上。座下雕一大象，足踏仰莲，前有一牵象人像。

（二）第15龛

竖长方形平顶龛。龛高190、宽84厘米，龛内雕一尊坐佛像（图版五四，2）。

正壁佛坐像高88厘米，尖桃形头光与圆形身光组成背光，风化剥蚀严重，隐约可见火焰纹。头、手、脚、莲座均残。内着袒右僧祇支，外披双领下垂袈裟，衣纹呈阶梯形。双手抚膝，结跏趺坐于双层仰莲须弥座上。

（三）第16龛

方形双重平顶龛。外龛高220、宽225、深153厘米，内龛平顶呈圆转角，高162、宽175、深99厘米。内龛龛楣雕七朵祥云，祥云上雕神鸟、立人形象等；内龛口外两侧壁上雕从底部扶摇而上的带茎莲叶、莲蕾、莲花，莲花上承托童子、仙鹤等形象。龛内正壁上方雕西方三圣像，周围雕僧人、菩萨、飞天、经幢等，凿观无量寿经变图像（图版五五，1）。

正壁上方中央主尊坐佛高43厘米（图版五五，2）。尖桃形头光与圆形身光相叠成背光，头光内饰一周锯齿纹，其外饰两周素圆环，边缘饰火焰纹；身光由内向外依次饰莲瓣纹、素圆环和火焰纹。佛顶上方雕半圆形华盖，饰联珠、帷帐、流苏等纹饰。头、颈部残。着通肩袈裟，阴刻"U"形衣纹，衣摆悬覆台座。双手置腹前，结弥陀定印。结跏趺坐于长茎仰莲台上。主尊身后两侧各雕五身僧人像。

主尊两侧胁侍菩萨坐像，尖桃形头光与圆形身光相叠成背光，内饰三周素圆环，边缘饰火焰纹等。均头残，戴项圈，肩覆天衣，身披璎珞，腰系长裙，裙摆悬覆座。两身菩萨头顶上饰华盖，装饰联珠、帷幔、流苏等纹饰。左侧菩萨像高45厘米，左手残，持莲枝，右手屈肘置胸前，戴臂钏。右跏趺坐于长茎仰莲上，左脚下垂踩莲踏。右侧菩萨像高45厘米，一条帔帛双腿间横过两道，绕弯后沿体侧下垂。右手戴腕钏，双手持莲枝，右手在上。左跏趺坐于仰莲台上，右腿下垂，脚踩莲踏。

胁侍菩萨像外侧各雕一菩提树、莲蕾和经幢。经幢为带茎仰莲承托，八边形须弥底座，座上再饰双层仰莲，其上承八边形幢身，幢身上为八角攒尖屋顶式宝盖，上承两颗扁圆形宝珠，再上为相对缩小的八角攒尖屋顶式宝盖，最上为葫芦形宝顶。正壁顶两侧拐角处各雕一祥云承托的飞天，飞天束高髻，袒上身，披巾绕身，腰系长裙，双臂张开，单手托一物。飞天外侧雕一祥云，云头上承托一殿堂，殿堂为高台基，四柱三间，三檐庑殿式屋顶，檐角上翘，屋脊上立鸱吻，檐下施斗拱（图版五六，1）。

主尊座下莲茎向龛内左右壁伸出四层数十枝仰莲、莲叶、莲蕾，莲座上承托童子、神鸟和四十余尊闻法菩萨像，莲座旁多有硕大的莲叶。从下至上第一层，位于主尊下方，左侧八身，右侧七身，部分风化残损严重，头绾高髻，斜披络腋，腰系长裙，结跏趺坐于仰莲台上。第二层菩萨分布在主尊两侧经幢下，各六身，风化严重，绾高髻，斜披络腋，腰系长裙，或结跏趺坐，或思惟坐，或游戏坐。第三层分布在经幢外侧，左侧五身，右侧四身，发式、衣着式样及坐姿与第二层菩萨相似。第四层分布于飞天殿堂下，左侧仰莲台上承托有四个童子像和一只神鸟，右侧雕三个童子像和一只神鸟。

主尊下方至龛底雕栏杆三层，栏后露出半身天人像。从下往上第一、二层正中饰拱桥，第一层桥上雕四身人物形象，头残，双手拱于胸前；两侧栏杆各雕九身天人半身像，或双手扶栏，或单手扶栏，或双手合于胸前，残损严重。第二层风化损毁严重，从残痕推测两侧栏杆应有六身天人半身像。第三层正中部分栏杆凸出，内雕一佛二弟子二菩萨像，两侧栏杆各雕七身天人半身像，绾高髻，斜披络腋，或双手扶栏，或双手合于胸前。

内龛顶浅浮雕并彩绘有十八只云鸟图像（图版五六，2）。内龛底桥前左右两侧各雕一七宝莲池，内饰莲叶、莲蕾、童子像等（图版五七，1）。

外龛两侧壁自上而下开八个相连的方形浅龛，高17、宽21、深3~4厘米，龛内浅浮雕韦提希夫人十六想观图像（图版五七，2），风化严重。

（四）第17龛

长方形双重平顶龛。外龛高100、宽115、深65厘米，内龛高84、宽94、深35厘米。龛内雕一佛二弟子二力士像（图版五八，1）。

正壁主尊佛坐像高35厘米，头、手均残，可见身光痕迹。双手置腹前结禅定印，结跏趺坐于束腰双层仰莲台上。

主尊两侧弟子立像，头均残。内着僧祇支，外披袈裟，阴刻衣纹。双手置于胸前，跣足立于仰莲台座上。左侧像残高44厘米，右侧像残高42厘米。

内龛两侧壁各有菩萨立像一身，像高47厘米，头均残，风化严重。身披帔帛，下身着长裙，扭腰提臀，立于仰覆莲台上。

内龛外壁两侧各雕一身力士像，残损严重。左侧力士残高40厘米，着短裙，身后帛带飘扬，左手屈肘上举于体侧，右手叉腰，双腿分立。右侧力士残高30厘米，头残，圆形头光，身后帛带飞扬，双手叉腰，下身漫漶不清。

（五）第18龛

方形双重平顶龛。外龛高123、宽146、深70厘米，内龛高97、宽112、深30厘米。龛内凿三教合一造像（图版五八，2）。

正壁中央上层高浮雕三身坐像，头残，中间和左侧主尊有尖桃形头光和圆形身光相叠而成的背光，右侧主尊尖桃形头光，阴刻衣纹（图版五九，1）。中间为老君像，高35厘米，头残，着交领大袖衫，腰束带，衣摆成倒三角形悬覆莲座；身前置兽足方几，双手置几上；结跏趺坐于带茎仰莲台上。老君两侧各雕一胁侍，双手合十于胸前。左侧释迦坐像高35厘米，头残；内着袒右僧祇支，胸前束带，外披双领下垂袈裟，衣摆呈倒三角形悬覆莲台；左手抚膝，右手残；结跏趺坐于带茎仰莲台上。释迦像左侧雕一弟子立像，高28厘米，圆形头光，头残，内着僧祇支，外披袈裟，双手合十于胸前，立于长茎仰莲台上。老君像右侧主尊为夫子坐像，像高43厘米，身着交领大袖长衫，双手置腿上，捧类似卷轴之物，脚穿云头履，倚坐于带茎仰莲方台上。夫子右侧雕两身立像，右一为弟子立像，残高27厘米，头残，着交领袈裟，双手捧物。右二为高浮雕女真立像，残高29厘米，尖桃形头光，着道袍，腰束带，双手置胸前，脚穿云头履，立于带茎仰莲台上。

在三主尊像的后壁及侧壁上方雕有天龙八部形象，其间饰长茎莲叶和莲蕾。

正壁主尊正下方高浮雕八身立像，左为四菩萨像，右为四真人像。左侧菩萨像高27厘米，均尖桃形头光。头残，戴项圈。披"×"形璎珞。肩覆天衣。一条帔帛自双肩垂下，在腹、膝前横过两道，绕肘后垂于体侧及座。腰系长裙，裙腰外翻，跣足立于带茎单层仰莲台上。左起第一身菩萨左手持杨枝，右手提净瓶垂于体侧；第二、三身菩萨双手置胸前；第四身菩萨左手持杨枝，屈肘置体侧，右手垂于体侧。右侧真人像高27厘米，均尖桃形头光。头残，着对襟广袖长袍，胸前束带。脚穿云头履，立于带茎仰莲台上。

内龛两侧壁有菩萨、女真、天王立像。左侧壁内龛两侧壁上分别有菩萨、女真和四天王立像。左侧壁与主尊平层为菩萨、天王像，其下为一身天王像。菩萨像位于天王像右侧，高35厘米，尖桃形头光；头残，带项圈；披璎珞；帔帛自双肩垂下，在腹、膝前横过两道，绕肘后垂于体侧；腰系长裙，裙腰外翻；双手残；跣足立于带茎双层仰莲台上。菩萨像左侧为天王像，高33厘米，上身风化严重，可见浓密络腮胡；着铠甲，系捍腰，下着三角短战裙；双手握剑柄杵地，脚踩夜叉，立于山形台座上。下层天王像高34厘米，头戴魁，双目圆睁；着装与上层天王同，右手握宝剑于体侧，左手残；双腿分离，立于山形台座上。右侧壁与主尊平层为女真、天王像，天王下再立一身天王像。女真像位于天王左侧，高33厘米，尖桃形头光；头残，戴项圈；披"×"形璎珞；内着圆领内衣，外着对襟广袖大衣；一条帔帛自双肩处下垂，在腹、膝前横过两道，绕肘后垂于体侧；脚穿云头履，立于带茎双层仰莲台上。女真右侧天王像高34厘米，头残；着铠甲，穿过膝战袍，系捍腰；左手屈肘上举于头侧，右手持戟杵地；脚踩夜叉，立于山形台座上。下层天王像残高28厘米，头残，形象衣着与左侧壁下层天王像同；左手持一瓶形物垂于体侧，右手屈肘置胸前。

内龛两侧外壁各雕一力士像，双目圆睁。上身赤裸，肌肉发达。腰系双层短裙，裙腰外翻，披巾环绕身后，双腿分立。左侧力士像高40厘米，左手屈肘上举过头，右手略弯置腰侧。右侧力士像高42厘米，左手略弯置腰侧，右手握金刚杵屈肘举于头侧（图版五九，2）。

外龛侧壁阴刻有题记，高90、宽30～50厘米，风化剥蚀严重，已很难辨识。

（六）第45龛

方形双重平顶龛。外龛高230、宽235、深116厘米，内龛高180、宽150、深45厘米。内龛单层檐屋形龛楣，檐下饰缠枝花纹，其下为方格团花纹，悬华帐、垂华绳。龛内正壁雕西方三圣，下方雕西方世界菩萨，左、右壁各雕一方形天宫楼阁（图版六〇，1）。

正壁主尊和胁侍菩萨像仅头光基本保持原样，尖桃形头光，饰火焰纹、联珠纹、莲瓣纹等，像身及座几乎都被改刻和重新粧彩，已很难辨认。龛顶主尊上方悬华盖，上面浮雕联珠等装饰。华盖两侧向下伸出云气纹，其上雕动物、坐佛或菩萨像等（图版六〇，3）。

三圣造像身后高浮雕仿木建筑楼阁，内龛口左右两壁各雕略呈对称布局的二层楼阁，其一层平座设飞红连接主尊身后的中心殿阁。右侧楼阁高105厘米，严重损坏。左侧楼阁保存较好，高107、宽45、进深21厘米。楼阁为一楼一底，面阔四柱三间，四角攒尖顶，顶上有宝刹。一层中间开板门，两次间开直棂窗，檐下施转角、柱头七铺作斗拱；一层上为平座，平座下施一斗三升斗拱；二层中间为板门，两次间为直棂窗，檐下施转角、柱头七铺作斗拱。中心殿阁为多层建筑，残高72厘米，可见一层为四柱三间，两次间开直棂窗，檐下施柱头七铺作斗拱，一层平座承接虹桥。虹桥上雕数人，桥上方雕飞天，右侧飞天怀抱琵琶，其余已模糊难辨。桥下雕七宝莲池，池内有带茎莲花，菩萨、童子坐于莲花上。三圣造像以下的造像全部被后世改刻，可辨有八仙形象。

四、龙多山摩崖造像

龙多山位于合川区龙凤镇与潼南区龙形镇的交界处，海拔619米，是古代巴国、蜀国的争夺地和分界线，山下合川境内有赤水县遗址，山顶平坦开阔，是古代南充至重庆的要道，古迹遍布其间。作为自唐以来发展起来的宗教活动场所，山上先后兴建了集圣院、佛慧寺等寺观，但历经朝代更替与战乱，寺观早已无存，唯有雕刻在悬崖峭壁上的造像和题刻保存至今，成为研究龙多山古代宗教和历史的重要遗存。摩崖造像分布在龙多山的悬崖峭壁上，石刻主要分布在合川境内，潼南区境内分布较少。1986年12月，重庆市文化局、重庆市博物馆组织文物普查干部对龙多山石刻造像进行了调查，在潼南境内的西崖即飞仙石、飞仙泉一带发现17龛唐、宋时期造像[1]。据三普调查资料显示，西崖现存造像窟龛13龛[2]，但因历史久远，造像风化严重，改刻现象十分突出。现对其中几龛保存相对较好的造像进行介绍。

（一）第12龛

外方内圆拱形双重龛。外龛平顶，高137、宽134、深59厘米，内龛高86、宽95、深32厘米。内龛龛楣饰帷幔、华绳、流苏纹饰，两端雕飞天，祥云承托，帛带飘扬。龛缘饰一周联珠纹、花瓣纹。龛内雕一佛二弟子二菩萨二力士像（图版六一，1）。

正壁主尊坐佛高51厘米。外尖桃形内椭圆形双重头光。肉髻，螺发。弯眉，高鼻，大耳。内着僧祇支，外披双领下垂袈裟。左手抚膝，右手施无畏印，结跏趺坐于台上。佛像两侧各雕一菩提树。

主尊左右两侧为弟子像，像高42厘米，圆形头光。内着僧祇支，外披袈裟。双手合十于胸前，立于台上。

弟子像外为菩萨立像，像高48厘米，头光同佛，披帔帛，立于台上。

内龛口外壁左右两侧各一力士像，左像高37厘米，右像高44厘米。圆形头光，怒目圆睁。上身赤裸，肌肉凸出，下着三角裙。两腿分开呈"八"字形立于台上，身后帛带飘扬。

龛内台座从现存状态可推测应为莲台，但被后世改刻，莲瓣变大，像身都被重粧，诸多细节已不可辨识。

---

① 西哥（邹后曦）：《龙多山唐宋佛教造像的调查》，重庆博物馆：《巴渝文化》第一辑，重庆出版社，1989年，第253~255页。

② 潼南县文物保护管理所：《第三次全国文物普查潼南县成果集》，重庆大学出版社，2013年，第263页。

（二）第13龛

长方形拱顶浅龛。龛高218、宽164、深18厘米。龛内雕一身千手观音像（图六一，2）。

观音立像高190厘米，风化严重。有双重尖桃形头光及巨大的圆形身光相叠组成的背光，身光上有火焰纹残痕。头、身均残，雕八臂，左右各四臂呈扇形展开，手执兵器等物，风化不可辨。披璎珞，帔帛于腹前横过一道，垂于体侧。下身着裙，阴刻竖向衣纹。足残，立于束腰莲台上。

（三）第18龛

外方内圆拱形双重龛。外龛平顶，高120、宽135、深50厘米，内龛拱顶，高105、宽115、深40厘米。内龛龛楣上层悬华账、垂华绳，下层饰忍冬纹带，纹饰两端各雕一祥云承托的飞天，双腿上翘，身姿舒展，帛带飘扬，内饰一周联珠纹、花瓣纹。龛内雕二佛二弟子四菩萨二力士像，内龛底部龛前中央雕一兽足香炉，两侧两身姿势相对做蹲踞状的狮子（图版六二，1）。

内龛正壁两身坐佛，外尖桃形内椭圆形双重头光，内饰五朵团花。左侧佛像高33厘米，螺发；着通肩袈裟；双手合十于胸前；结跏趺坐于带茎仰莲台上，莲茎上有莲叶、莲蕾。右侧佛像高47厘米，肉髻略残，螺发；内着袒右僧祇支，外披双领下垂袈裟；左手抚膝，右手残；倚坐于方座上，足踏两朵莲花。

两身佛像左右为两身弟子立像，头光同佛，内饰三朵团花。左侧弟子像高44厘米，内着圆领僧祇支，外披袈裟；双手下垂；立于方台上。右侧弟子像高46厘米，内着袒右僧祇支，外披袈裟；双手屈肘置胸前；立于方台上。

内龛口左右两侧拐角处各雕一身菩萨立像，左像高41厘米，右像高40厘米。均尖桃形头光。头绾高髻，戴项圈，身披璎珞，挂帔帛。下身着长裙，跣足立于仰覆莲台上。

龛口菩萨再外侧各雕一身菩萨像，高32厘米。圆形头光。左像舒相坐于须弥座上。右像倚坐于须弥座上。

内龛外壁左右下角各一身力士像，高21厘米。圆形头光。力士上身肌肉发达，下着战裙。扭腰提胯，双腿分立，身后帛带飘扬。

内龛龛底前中央雕三足香炉，左右各雕一身相向蹲踞状狮子。

该龛造像改刻和重桩现象十分突出，内龛外壁的造像难以辨认原样，两菩萨外的造像特征很不明显，几乎无法辨认，龛底的狮子也被装裱成老虎状。

五、五硐岩摩崖造像

五硐岩摩崖造像位于潼南区新胜镇桅杆村五社五硐岩西面陡岩，造像龛坐东北朝西南，现存6龛造像，分布在长12.4、高2.6、距地表0.7米的岩壁上，主要为唐宋造像，2000年9月公布为重庆市第一批文物保护单位。五硐岩周围以山地、陡坡、斜坡为主，周围植被多为竹林、榕树等乔木及藤本植物，环境潮湿。造像龛自右向左依次编号为第1～6龛，部分龛像被后世改刻，几乎全部被重新桩塑，造像原貌受到极大的破坏，细节之处几不可辨。

（一）第2龛

外方内圆拱形双重龛。外龛平顶，高228、宽203、深83厘米，内龛拱顶，高152、宽156、深33厘米。内龛有尖拱形龛楣，饰缠枝花纹带。龛内雕一佛二弟子二菩萨二力士及天龙八部像，内龛底前雕九身供养人像（图版六二，2）。

内龛正中佛坐像高48厘米。桃形头光，螺发。内着袒右僧祇支，外披双领下垂袈裟。左手抚膝，右手施无畏印。结跏趺坐于束腰圆台上，袈裟下摆垂覆圆台。佛像上方雕半圆形华盖。

主尊佛两侧为弟子立像，圆形头光。内着僧祇支，跣足立于圆台上。左侧弟子像高61厘米，着双领下垂袈裟。双手捧球形物于胸前。右侧弟子像高61厘米，着通肩袈裟。双手执物于胸前，左手在上。

左右菩萨立像，椭圆形头光，内饰五朵团花。绾高髻，发辫垂肩，戴项圈，披璎珞和帔帛，跣足立于圆台上。左侧菩萨像高66厘米，右侧菩萨像高70厘米。

内龛外两侧力士像，圆形头光。怒目圆睁，肌肉凸出，下着三角战裙。腰外扭，双腿分开呈"八"字形站立，身后帛带飘扬。左像高77厘米，右像高70厘米。

该龛造像部分被改刻，重新粧彩。龛左侧壁原有题记，但风化漫漶，仅可辨"……道龙花会……时大和九年（835年）……"。

（二）第4龛

方形双重龛，平顶。外龛高236、宽244、深109厘米，内龛高186、宽131、深28厘米。内龛龛楣悬华帐、垂华绳，两侧壁雕成帷帐，垂华绳。龛内雕一身观音立像（图版六三，1）。

观音立像高124厘米，尖桃形头光与巨大舟形身光交叠成背光，身光边缘饰卷草纹带。头顶悬华盖。头具五面，六只手臂姿态各异，手持物，带项圈，身披璎珞。一条帔帛自双肩垂下，至双腿前横过两道，向上绕臂后下垂于体侧；另有一条帔帛自左肩斜披而下，在右胁绕向身后。下身着裙，裙腰外翻。胯略左扭，双腿分开，立于圆形双层仰莲台上。

观音立像左右及内龛外下方均雕凿造像，推测为后世改刻而成。

（三）第6龛

外方内二重檐屋形龛。外龛平顶，高219、宽210、深114厘米，内龛高127、宽170、深46厘米。内龛檐上饰山花蕉叶，檐下分格饰宝珠团花纹，龛口门楣饰网状纹，悬华帐、垂华绳，两侧方柱上饰卷草纹。龛内雕一天尊六真人二女真二天王及天龙八部像（图版六三，2）。

正中天尊坐像高60厘米，尖桃形头光，边缘饰纹饰带。头戴冠。穿交领内衣，胸前束带，外披对襟大衣。左手屈肘置体侧，右手抚膝。结跏趺坐于束腰方台上，束腰开三个壶门。

天尊左右两侧各三身真人立像，束发。左右第二身真人有圆形头光，身着大袖长衫。双手拱于胸前，立于圆台上。左侧真人像自左向右第一身高61厘米，第二身高74厘米，第三身高63厘米。右侧真人像自左向右第一身高66厘米，第二身高76厘米，第三身高65厘米。

两侧女真立像，外尖桃形内椭圆形头光，椭圆外饰五朵团花。束发，戴冠。内着圆领内衣，外披对襟大袖长衫，帔帛绕身。立于圆台上。左像高83厘米，右像高88厘米。

龛口两侧天王像，圆形头光。着两裆甲，下着短裙。左侧天王像高78厘米，左手高举托塔。右侧天王像高79厘米，双手杵剑于地上，脚踩小鬼，分腿立于方台上。

该龛造像被后世改刻，重新粧彩，较难辨认。

六、后龙坡摩崖造像

后龙坡摩崖造像位于潼南区上和镇五岩村五岩沟后龙坡半山腰上，造像坐南朝北。南临水麻湾，东靠瓦渣子坡，北靠耳子湾，周围植被以灌木和乔木为主，多农地，坡下为居民聚居地。发现造像龛1龛，已风化。

第1龛

方形双重龛，平顶。外龛高230、宽210、深110厘米，内龛高111、宽120、深38厘米，平面略呈半圆形，龛楣雕七尊小佛像，均圆形头光，结跏趺坐。内龛雕一佛二弟子二菩萨二力士（图版六四，1）。

内龛中央主尊坐佛，高47厘米，尖桃形头光，圆形身光。头残。内着僧祇支，外披双领下垂袈裟，衣摆成倒三角形垂覆于莲台前。双手相叠置腹前，结跏趺坐于束腰仰莲台上。

主尊两侧为弟子像。左侧弟子像高63厘米，圆形头光，头光内透雕一周锯齿纹，头残；披大衣，双手置胸前；双腿直立于圆台上。右侧弟子像高63厘米，残损严重，上半身有多处洞眼，漫漶不可辨；双腿直立于圆台上。

左右菩萨立像均尖桃形头光，头光内透雕一周锯齿纹。头残。身披璎珞。帔帛自双肩处下垂，在膝前横过一道，绕肩后下垂于体侧。腰系长裙，束带。双腿直立于仰莲圆台上。左侧菩萨像高69厘米，左手垂体侧。右侧菩萨像高66厘米，右手戴腕钏，手握帔帛垂于体侧。

内龛口左右两侧壁雕两身力士像，左侧力士像残高46厘米，圆形头光，头不存；上身肌肉发达，下身着短裙，裙腰外翻；双腿略残。右侧力士被凿掉，仅剩台座底部。

据三普资料，该龛龛楣、佛、菩萨身上残留有孔雀蓝、红色、绿色彩绘痕迹，此次调查发现该龛造像已被附近信众重新粧彩，诸多细节已十分难辨。

七、结　语

（一）窟龛形制与造像特征

通过两次粗浅的调查可知，潼南唐宋时期摩崖造像多为盛唐、中晚唐以及两宋时期雕凿，盛唐造像较少，在中晚唐达到鼎盛，两宋时期开龛逐渐减少，对前期造像进行改刻粧彩的情况较为多见。造像多为中小型龛，目前仅在玉溪万佛岩发现有一洞窟，窟内开浅龛。龛形以双重龛为主，主要为唐代川渝地区最流行的外方内圆拱形龛，除后龙坡外都有分布；其次为方形双重平顶龛和方形单层平顶龛，另有少量外方内双层檐佛帐形龛，此类龛形主要见于五硐岩。外方内圆拱形龛龛楣多呈尖拱形，内饰忍冬、卷草、联珠、团花、火焰纹饰带以及小坐佛、飞天等，如玉溪万佛岩第1龛，五硐岩第1、2龛，大佛寺西岩第64、71龛等。而龙多山第18龛龛楣则悬华帐、垂华绳，两端雕飞天，较为特别。

潼南唐宋时期摩崖造像以佛教题材为主，有释迦佛、阿弥陀佛、弥勒佛、药师佛、多宝佛、三世佛、七佛、十佛、观音、地藏、文殊、普贤、人形天龙八部、飞天、菩提双树、西方净土变等，组合形式有一佛二菩萨、一佛二弟子二菩萨、一佛二弟子二菩萨二力士、一佛二弟子二菩萨二天王二力士、二佛二弟子二菩萨二力士、二菩萨立像、单尊菩萨立像等。可见少量道教题材，内容有天尊、老君、真人、女真，如五硐岩第5龛，组合形式有一天尊二真人二女真二力士及人形天龙八部。崇龛万佛岩第3龛为三教合一造像题材，是十分重要的题材，此龛原有题记，但因风化剥蚀无法辨认，甚为遗憾。

此次调查的佛像多为低肉髻，螺发，内着袒右僧祇支，胸前结带，多着双领下垂式袈裟，部分着通肩袈裟，袈裟下摆悬垂座上的现象很普遍，具有浓郁的南北朝时期"悬裳座"重重叠叠的遗风，但这些造像多为晚唐时期开凿，衣摆也多成三瓣倒三角形或是两瓣圆弧形，开始出现程式化特征。菩萨像多束高髻，戴联珠项圈，披"×"形璎珞，帔帛在腹、膝前横过两道，腰系长裙，随着时代晚近，裙身愈显厚重，显得粗糙呆板。中晚唐至宋，小型单尊造像龛流行，龛形多为长方形平顶龛，极少有装饰，龛内造像以观音为主，其次为地藏菩萨。

崇龛万佛岩西方净土变题材造像较为多见，有反映西方净土信仰的阿弥陀佛与五十闻法菩萨的观无寿量经变造像龛，如第12、15龛，反映菩萨的龛像减少，并出现简化趋势，代之阿弥陀佛与二胁侍菩萨，龛内两侧雕出天宫楼阁的形式，如第45龛。

（二）保存现状

本次调查是在对崇龛千佛寺摩崖造像进行抢救性清理时，为了摸清其与潼南区同时期摩崖造像龛群的关系而开展的。在调查之前，我们对潼南区第三次全国文物普查发现的摩崖造像资料进行了查阅、梳理，确定调查对象为开凿于唐宋时期的摩崖造像。在调查中，我们发现几处造像遗址都保存较差，露于荒野，在漫长的岁月中不断遭受风雨侵蚀，造像坍塌、剥蚀、酥化、风化现象非常严重，尤其是一些题记，大多数都已漫漶不可辨识。这些题记部分进行过拓片，但也大多遗失不可得。除去难以避免的自然损害外，人为破坏也不可忽视。调查中，我们发现很多地势相对低矮的造像被附近信众随意改刻、反复重塑涂彩的现象非常普遍，一些造像因此面目全非。比如后龙坡摩崖造像，潼南区文物管理所2009年对其进行调查时，还是原来的面貌，而2011年底我们前往调查时，已被妆修一新，无法辨认。龙多山的一些造像，2011年我们调查时已被妆彩，但2015年再次前往发现又被重新涂抹了更加浓艳的色彩。

两次调查，均是比较粗浅的踏查，但我们也通过两次工作对潼南区唐宋时期的摩崖造像分布情况、造像特征以及保存现状等有了初步认识，在简单披露相关资料的同时，也希望能够以此引起更多业界同行对潼南区摩崖造像甚至更多分散在荒野外的石窟寺和摩崖造像的关注，加大此类文化遗存的研究、保护以及开发利用的力度。

附录二　龙多山唐宋佛教造像的调查[①]

　　1986年12月，重庆市文化局、重庆市博物馆组织的市属区县文物普查干部培训班会同合川县文物管理所在合川县境内进行了短期实习调查。期间，冯庆豪、袁钧、苏健红、刘朝俊、刘华刚、邹后曦六位同志对龙多山石刻造像作了重点调查记录，此后又进行了集体整理。根据这次调查资料，现将唐宋佛教造像有关内容介绍如下。

一、概　　况

　　龙多山位于合川赤水乡之北，海拔624米，乃合川、潼南、武胜三县交界地。面积400余亩，为古代南充至重庆要道。据《舆地纪胜》载，西晋时广汉人冯盖罗修炼于此，永嘉三年（309年）举家仙去。龙多山作为宗教活动场所至少可以上溯此时。隋开皇八年（588年）置赤水县，唐武德时始迁至龙多山南五里，历时较长。这使龙多山作为宗教活动场所发展起来。自唐以下，有集圣院、至道观、龙君亭、佛惠寺、冯仙祠等寺观，是一处佛道并存的宗教场所。因历时久远，又屡遭兵燹，寺观无一幸存，唯石刻造像，虽风化磨泐，还有不少留存至今，成为研究古代宗教和雕刻艺术的珍贵文物。

二、造像内容记录

　　龙多山造像多开凿于黄砂岩上，易剥蚀。尤其民国以来，有几次大的人为毁坏，故完整保存者不多。以其地理位置不同，可分东崖、南崖、西崖、北崖四部分。以下顺序号为这次调查所编，过去合川县文物管理所曾作过编号的龛，附旧号于后。

（一）东崖

　　东崖造像，部分崩塌至山腰，因而分作东崖上、下两部分。
　　东崖上编号沿山崖从东南向西北方向为序。

1. 立佛像龛

　　残高130、残宽40、深13厘米。佛像面南，通高100厘米。头光残，似宝珠形。高肉髻，螺发。面相丰圆，耳坠垂肩。着通肩袈裟，衣纹流畅。左臂自然下垂，右臂及胸部以下残。

2. 原14龛

　　三世佛像。龛高120、宽170、深40厘米。释迦居中面南，结跏趺坐于方形束腰须弥座上，通高90厘米。

　　① 西哥（邹后曦）：《龙多山唐宋佛教造像的调查》，重庆市博物馆：《巴渝文化》第一辑，重庆出版社，1989年，第244～262页。

宝珠形头光与圆形身光组成背光，内有齿轮状纹、卷草纹、火焰纹等装饰。螺发，"U"字领袈裟，双手膝间捧钵。左弥勒佛结跏趺坐于金刚座上，双手抚膝。发式、袈裟、背光同释迦。右迦叶佛结跏趺坐于莲座上，双手膝间结定印。莲座下安置如意轮，轮下须弥座。其余同释迦。龛门外武士左右各一，头戴盔，无鳞铠甲，持兵器，足踏怪兽。龛外券面饰忍冬纹。

3. 原22号龛

千手观音像。龛高140、宽148、深80厘米。主像千手观音通高130厘米，面南，坐方形椅上，残。旁开小龛，有供养立像两身。龛外两兽。

4. 原40号左龛

二佛二弟子二菩萨二力士像。龛高110、宽105、深65厘米。二佛面东，结跏趺坐于须弥座上，左多宝如来，右释迦，通高65厘米。外桃形内圆形双重头光，中有联珠纹。束腰须弥座上下饰仰、覆莲瓣。龛内转角处二弟子拱手立莲台上，圆形头光。袈裟垂于足踝处。弟子外有二菩萨立像，残，头光同佛。龛外二力士立小鬼、怪兽上。力士间有一兽，似狮。龛外券面饰卷草纹。

5. 原40号右龛

一佛二弟子二菩萨二力士像。龛高110、宽105、深65厘米。佛面东，结跏趺坐于方形须弥座上，通高65厘米。外桃形内椭圆形双重头光。"U"字形袈裟委于座上。左手抚膝，右手残。方形须弥座正面雕壶门二。龛内转角处二弟子拱手立莲台上，圆形头光。侧壁二菩萨立于莲台上，头光同佛。

佛像后壁上浮雕众弟子像。龛外力士，跣足，裸上体，着犊鼻裤，立侍两侧。下方各有一狮，左狮前爪搭力士小腿上，作撕咬状；右狮屈体收腹似作腾跃的准备。两狮中间置香炉一，残。券面饰莲瓣纹、卷草纹及火焰纹。

6. 原52号左龛

一佛二弟子二菩萨二力士像，残。龛高105、宽10、深50厘米。主像面东，结跏趺坐于束腰须弥座上，通高65厘米。外桃形内圆形双重头光。弟子立于龛内转角处。菩萨立侍左右壁。龛外二力士。券面饰卷草纹。

7. 原52号右龛

一佛二弟子四菩萨像，残。龛高101、宽121、深27厘米。佛像面东，结跏趺坐于须弥座上，通高64厘米。桃形头光，顶上有宝盖。菩萨皆有头光。龛外左右壁上小龛内立供养人各一。龛外券面饰卷草纹。

东崖下编号位置如图一所示。

1. 居士像（？）

残，龛高65、宽63、深20厘米。主像面东，结跏趺坐于莲台上，通高54厘米。头戴幅巾，手结定印。圆形头光与椭圆形身光相套，外饰火焰纹。左武士立于莲台。右妇人立于莲台，着裙襦，腰系蔽膝。

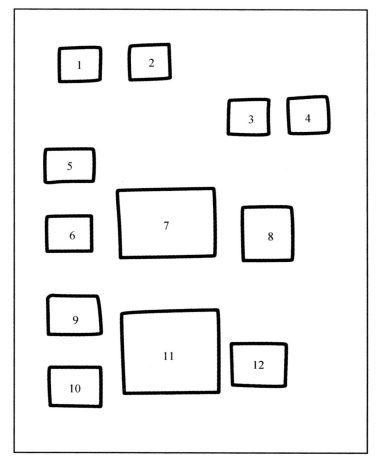

图一　龙多山东崖下像龛位置示意图

2. 天王像

龛高107、宽66、深20厘米。天王着七宝金刚甲胄，面东立，高105厘米。

3. 一佛二弟子二菩萨像

龛高90、宽110、深36厘米。佛面东，结跏趺坐于须弥座上。宝珠形头光和圆形身光组成背光。高肉髻，螺发，面相端庄，体态丰腴，着通肩袈裟，双手于膝间结定印。左菩萨结如意坐，左手似握牟尼珠，右臂残。右菩萨结跏趺坐于须弥座上，手残。菩萨背光同佛。主像与菩萨背光之间，二弟子合十而立，有圆形头光。

4. 一佛二弟子二菩萨像

龛高82、宽107、深45厘米。佛像面东，结跏趺坐于须弥座上，宝珠形头光和圆形身光组成背光。高肉髻，螺发，着通肩袈裟，双手于膝间结印，面相丰润，神情安详。左右二菩萨端坐须弥座上，头戴宝冠，背光同佛。佛与菩萨背光之间，二弟子合十而立，有圆形头光。佛、菩萨、弟子皆在一平面上，且面向相同。

5. 一佛二弟子二武士像

残，龛高87、宽146、深6厘米。主像高76厘米。有供养人、狮子。

6. 一佛二弟子二菩萨二武士像

龛高100、宽120、深45厘米。主像阿弥陀佛面东，结跏趺坐，通高60厘米。宝珠形头光和圆形身光相套。肉髻，螺发，着小翻领袈裟，现内衣结。双手于膝间结弥陀定印，须弥座上饰几何图案。左观音菩萨，戴花冠，持净瓶。右大势至菩萨，戴花冠，左手扣胸，右臂下垂。菩萨背光同佛。弟子立于佛、菩萨之间。

龛外二武士，踏怪兽。

7. 一佛二弟子二菩萨二力士像

龛高135、宽167、深40厘米。主像释迦牟尼，面东，结跏趺坐于莲台上，通高85厘米。背光由宝珠形头光和圆形身光组成。螺髻，着通肩袈裟，现内衣结，双手膝间捧钵。莲座下安置如意轮，轮下方形须弥座四角皆有内折壶门，内有几何图案。龛内转角处二弟子合十立于须弥座上，袈裟齐踝。左壁菩萨手执莲枝。右壁菩萨臂挂飘带，手握珠。菩萨背光略小于佛。龛外二力士，着犊鼻裤，持索带护卫，形象生动。

8. 一佛二弟子像

残，高165、宽85、深30厘米。佛像面东，结跏趺坐于束腰莲花座上。背光为双重圆光，背光上方浮雕莲花等纹饰。着通肩袈裟，胸现内衣结，双手膝间结定印。二弟子左低右高，皆圆形头光，外饰火焰纹。

9. 居士像（？）

龛高90、宽102、深15厘米。主像面东，结跏趺坐于莲台，通高65厘米。束发，戴头巾，双手叠放膝间。左右二比丘，合十站立。均无背光。

10. 番僧像（？）

龛高57、宽66、深10厘米。主像面东，结跏趺坐于须弥座上，戴圆形尖顶毡帽，高57厘米。左右立侍各一。左立像卷发，左臂下垂，右掌立胸前。右立像略高于左像，合十站立。均无背光。服饰异于附近其他造像，似少数民族僧人形象。

11. 说法像

龛高165、宽85、深30厘米。造像大致可分右、中、左三部分。右：为一身佛像，左腿盘放，右腿屈蹲座上，左手抚膝。右侧弟子数人，或跪或立。皆桃形头光。中：为三身立像，由右至左身高递增，似乎代表不同年龄段的弟子。或着幅巾，或戴尖顶高冠。皆桃形头光。左：上下皆为圆形背光，以一朵火焰纹相连，背光内各有一身化佛，结跏趺坐于莲台上。龛外武士二，皆盔甲持兵。武士上方有两身飞天，跪于云朵上。

12. 武将龛

龛高60、宽43、深10厘米。主像面东立，高45厘米。身躯粗短，袒右臂，系披膊。左像桃形头光。右像圆形头光，系腰带，着靴。左武将身缠巨蛇，右武将似持独足铜人。武将前有武士立像二，形体矮小。

（二）南崖

以田湾唐代千佛崖为中心，仓括小田湾一处经变龛，是龙多山造像保存较好并有年代题记的部分。编号自西至东为序。

1. 经变龛

千佛崖右侧7米处。高150、宽175、深100厘米。面南，残破严重，仅可辨不同层次的莲座、莲童、菩萨树、神兽之类。

2. 原1龛

千佛崖右侧。残，高58、宽41厘米。主像面东，后有宝珠形头光。右侧弟子立像一，圆形头光。余皆不可辨认。

3. 原2龛

千佛崖右侧。残，龛高42、宽39厘米。仅可辨两个莲座及宝珠形头光与圆形身光组成的背光。

4. 原3龛

残，龛高25、宽19厘米。造像一，面南，结跏趺坐，背光同3龛。

5. 原4龛

残，龛高25、宽19厘米。立佛一，面南。

6. 原5龛

残，龛高54、宽20厘米。面南，内容不清。

7. 原6龛

龛高60、宽46厘米，主像自在观音，面南，结如意坐，面部残。左臂撑座上，右手抚膝。身体略向左后倾斜。

8. 原7龛

千佛造像（图版六四，2），坐北朝南，整个造像雕凿在一处呈弧形突出、上部略向前倾的崖壁上。造像高270、宽850厘米，面积约23平方米，是龙多山造像规模最大的一处。

中间的主龛，高88、宽70、深31厘米。为一佛二弟子二菩萨二力士造像。主像释迦文佛（即释迦牟尼），通高57厘米。宝珠形头光，内饰齿轮纹及卷草纹；圆形身光，内纹同头光。结跏趺坐于莲台上，左手抚膝，右臂抬起，似作小三股印状。弟子二人立于龛内转角处莲台上，左迦叶，右阿难，双手合十，袈裟齐踝，轮形头光内饰一周齿轮纹。菩萨二人，迦叶之左文殊，袈裟齐踝，左臂挂衣带，右手置胸前。阿难之右普贤，袈裟齐踝，双手捧莲花一枝，靠右肩，立莲台上，宝珠形头光内饰齿轮纹、卷草纹等。弟子、菩萨足踏莲花，皆由佛座下莲茎之旁伸出，佛座下还有莲叶、莲苞，苞内有莲童二。龛外力士二，力士台阶下有狮子二。龛外券面饰卷草纹。

主龛下有造像题记一则。长53、宽70厘米，残损23行，每行18字，字径2.5厘米左右。内容如下：

辟夫娑罗林峦（下泐）/二千年矣其旧龛（下泐）/敕百难留经像遭（下泐）/□生石径以迁其（下泐）/之路赖我圣唐御（下泐）/□於寰中度僧尼而溢於（下泐）/县令赵公为官清俭百里（下泐）/□许奉上心切与佛缘深（下泐）/□佛龛一所言千佛（下泐）/□既不越成住坏空□之劫也（下泐）/□□内已有四佛出（下泐）/释迦文佛也如上四佛（下泐）/□九百九十六（下泐）/□相次出与世也谨案（下泐）/留踪□后成佛名百□□祭（下泐）/千佛圣容雕镌既就（下泐）/从此人人瞻礼福集□□□□□□□□□□/也为归依之处千古□□□□□□□□□□□□/崇山而迴秀巍巍□□□□□□□□□/滔滔莫恻空门野士不□□□□□□□□他岁咸通五年十月廿六日造

/□□施主宣义郎行合州赤水县赵行□□□/院主禅大德（下泐）。

主龛上方，有前蜀通正年粧修千佛崖造像题记一则。宽60、残高14厘米，13行，每行残存3字，字径3.5厘米。内容如下：

弟子贾（下泐）/□修装（下泐）/释迦年（下泐）/佛一龛（下泐）/佛十二（下泐）/彩绘完（下泐）/旋属身（下泐）/今妻杜（下泐）/以通正（下泐）/年三月（下泐）/一日造（下泐）/来赞毕（下泐）/为供养。

此题记为清代道光十九年（1839年）粧修时被打破，从内容和位置看，应凿去了一排题记。

主龛及题记以外为千佛小龛。共64排，16行，共计1021龛，龛高13、宽12厘米。千佛皆结跏趺坐于莲台上，头上螺发或着幅巾，着通肩袈裟，结印。

千佛崖底部距地面约50厘米，雕卷草纹带，宽约10厘米。

9. 原6、8两龛

一佛二弟子二菩萨二武士像。龛高112、宽105、深30厘米。主像弥勒佛面西，端坐于金刚座上，宝珠形头光与圆形身光相套，内饰齿轮纹、卷草纹、火焰纹。足踏两朵莲花，双手平放膝上，头残，着"U"字领袈裟，左右侧壁有二菩萨立侍，宝珠形头光，宝冠，半袖袈裟，内襦裙，上有衣带。左法华林菩萨，左臂下垂，捧一物。右大妙相菩萨，左臂平胸，掌心向上，右臂高于左臂，手扣右胸。皆立莲台上。莲台下两狮。龛内转顶处，佛与菩萨背光间立二弟子，圆形头光，内饰齿轮纹，外饰莲瓣纹。佛座前蹲一狮，佛、菩萨、弟子足下踏莲花，皆出于其口。龛外二武士，着头盔，无鳞盔甲，左剑右斧，足踏小鬼。龛外券面饰卷草纹带，顶部两角饰飞天各一，单腿跪于云朵上，双手捧物。

龛上方即原编8号题记一则。残宽60、高46厘米，9行，每行10字，字径4厘米左右。内容如下：

摄令□赤水县主簿将仕郎试太常寺奉礼郎薛敬远咸通五年十月廿六日蒙尚书冉差摄其年十一月十二日到县发心造此弥勒佛一龛愿□□平安咸通六年四月廿二日毕永为供养□□□□党樊氏□□□□□儿。

10. 原10号龛

一佛二弟子二菩萨二武士像。高85、宽99、深23厘米。主像阿弥陀佛面西，结跏趺坐，通高64厘米。宝珠形头光与圆形身光相套，内饰齿轮纹、莲瓣纹、火焰纹。头残，窄肩，着"U"字领袈裟，双手于膝间结弥陀定印。束腰须弥座前刻"阿弥陀佛一龛"六字，字径约3厘米。左右壁二菩萨，大势至菩萨居左，头残，右臂平胸立掌。右为观音，头残，捧莲花一枝。皆桃形头光，足下为狮子。佛、菩萨后二弟子，立于龛内壁转角处，轮形头光，内饰齿轮状纹，外饰莲瓣纹。龛外武士，圆形头光。戴头盔，着战袍，系披膊，左剑右斧，立于小鬼上，券面饰卷草纹，上角有飞天二，衣带飘举，双手捧物。

11. 原11号龛

一佛一观音像。龛高34、宽31厘米。左为自在观音，面西，结如意坐于莲座上，高28厘米，戴宝冠。右为阿弥陀佛，原结跏趺坐于莲台上，结弥陀定印，葫芦形背光。

12. 原12号龛

残，龛高60、宽41厘米。中立像，面西，高50厘米。左立像一，右坐佛一，皆桃形头光。

13. 原13号龛

一佛一菩萨像。龛高41、宽45厘米。左阿弥陀佛，右自在观音，皆面西，与11号龛类似。观音方座上有"□□敬造阿弥陀佛观自在 菩萨 □龛□"的题记。

14. 一佛二弟子二菩萨像

龛高110、宽120、深50厘米。为后代改塑、彩绘，失去原貌。

15. 经变龛

残，面南，高145、宽135、深20厘米。似净土变内容。

16. 经变龛

残，面东南，高135、宽140、深20厘米。与15龛如出一辙，似净土变题材。

17. 小田湾崖壁上

净土变像，面西南。龛高200、宽173、深50厘米。主像西方三圣，外桃形内椭圆形双重头光。中为阿弥陀佛，结跏趺坐于高茎莲台上。左大势至，右观音，立于莲台上。莲花大致可分八层，其上菩萨、佛或坐或立。右下小龛，高60、宽50厘米。菩萨立像二，双重头光，足下莲座。

（三）西崖

西崖造像主要在飞仙石、飞仙泉两处，编号从南到北为序。

1. 原1号龛

残，一佛二弟子二菩萨二力士。龛高235、宽220、深48厘米。主像面南，立莲座上，通高188厘米。桃形头光，着通肩袈裟，现内衣结，挂佛珠。弟子残，立于身后。菩萨残，立于莲座上。武士一，残，立于右侧莲花上。

2. 原2号龛

残，坐佛像。龛高89、宽52、深10厘米。佛像面南，结跏趺坐于莲座上，高65厘米。"U"字形袈裟，有圆形头光。

3. 原3号龛

一佛二弟子二菩萨像。龛高120、宽146、深11厘米。主像结跏趺坐，高79厘米。外桃形内圆形双重头光，左右二弟子合十立于莲花上。弟子外侧二菩萨立莲花上，菩萨背光同佛。佛、弟子、菩萨莲座由莲茎相连，莲苞内有童子。主体造像右侧主像一，"U"字领衣，齐膝。左右下角力士各一，左上小龛内力士一，着犊鼻裤，跣足立于台上，台前各有一狮。右侧立颊处供养人二，着襦裙。

4. 原4号龛

立佛三身。龛高34、宽41、深6厘米。像面南，高27厘米。桃形头光，头残，袈裟齐踝，跣足。

5. 原5号

唐天宝年题记。高65、宽75厘米，17行，每行19字，字径约3厘米。灭泐大半。内容如下：

（上泐）开元乙载发心修造佛像（下泐）将用万古□□历劫永为供养天宝十载正月八日□经今卅余载久修苦行归趣大乘敬造□□像将於此石墓（即台）上栽□松柏扫洒大和四载□录古铭巴川郡赤水县归德乡松木里蒲居士法名正观。

题记右边，有宋人题刻：

唐天宝十载蒲居士□□刻真像於石囷之北留偈在石囷之南至大宋绍兴二十三年癸酉凡四百二十一年六月望日县西吕榆记。

6. 原6号左边部分

天王像。龛高158、宽82、深14厘米。天王面南立，高144厘米。圆形头光，头残。着七宝庄严金刚甲胄，足下踏莲花。

7. 原6号右边部分

菩萨像，为天王像打破。龛高80、残宽35、深11厘米。像面南立，高65厘米。外桃形内圆形双重头光。

8. 原7号上龛

龛高46、宽25、深8厘米。立佛面南，高37厘米。

9. 原7号中龛

一佛二弟子像。龛高40、宽33、深16厘米。主像面南，结跏趺坐，通高29厘米。宝珠形头光，高肉髻，双手膝间结印。二弟子合掌侍立，圆形头光。

10. 原7号下部两小龛

龛高67、残宽44、深5厘米。像面南，高63厘米。左龛立像一，桃形头光，立莲花上。右龛立像二，同左龛。

11. 原8号上龛

摩崖碑。龛高177、宽85、深50厘米。碑面南，高160厘米。螭额龟趺，额中一小龛，内坐佛一，碑文漫灭，四边饰卷草纹。

12. 原8号下龛

三小龛并列，龛内各有一坐佛，应为三身佛。龛高40、宽30厘米。佛面南，结跏趺坐于须弥座上，外桃形内圆形双重头光，皆于胸前结说法印。

13. 6号龛右上方

浮雕供养人像。高27、宽150厘米。中间主龛残。左右为供养人群，右边部分保存较好。像高24厘米左右，可辨八身，侧身向东，戴幞头，拱手站立，成礼佛仪仗。

以上为飞仙石部分，下面属飞仙泉部分。

14. 原12号龛

一佛二弟子二菩萨二力士像。龛高137、宽134、深59厘米。主像面西，结跏趺坐于须弥座上，通高79厘米。双重头光，座上雕莲瓣。二弟子足踏莲花，圆形头光，合十立于龛内转角处。菩萨足踏莲花，头光同佛。龛外二力士，残。龛楣处饰卷草纹、璎珞。飞天二，翔于龛楣尾处。

15. 原13号龛

千手观音像，残。龛高218、宽164、深18厘米。像面南，高190厘米。双重椭圆形头光，外有巨大的圆形背光，背光上许多球状火焰纹。八臂，手执兵器等物，袈裟齐踝，衣纹流畅。头上有宝塔，残。龛下题刻，宽164、高40厘米，有"千眼本师"之类文字，应为一段佛经。

此龛造像，与大足北山佛湾130号宋代摩利支天造像极为相似。

16. 原18号左龛

七佛像。横长方形龛，高94、宽160、深11厘米。佛面西，结跏趺坐，高48厘米。"U"字领袈裟，桃形头光，方形莲瓣须弥座。龛上垂帐纹，龛下七天乐，奏乐舞蹈。

17. 原18号右龛

二佛二弟子四菩萨二力士像。龛高105、宽115、深40厘米。主像面西，高55厘米。左佛多宝如来，结跏趺坐于莲座上，外桃形内椭圆形双重头光。肉髻螺发。着通肩袈裟，双手胸前结转法轮印。莲座下有莲叶、莲苞。右释迦佛，头光同多宝。端坐方形须弥座上，足踏两朵莲花。着"U"字领袈裟。左手腹前，掌心向上，右臂残。左弟子，袈裟齐踝，手臂下垂。右弟子，手臂抬至胸，立掌，掌心向外，弟子背光同佛。菩萨：左龛外转角处，宝髻，赤足，挂衣带立莲花上；右一，同左一，背光同佛。左二，龛外立颊处，坐须弥座上，足放座下，略呈交脚状；右二，同左二，持莲花一枝，皆圆形头光。力士：龛外菩萨二座下，圆形头光，犊鼻裤，跣足，执索带。菩萨一座下有狮子二，蹲坐。两狮中间为鼎形香炉一，残。飞天位于菩萨上方，立祥云上。龛外券面饰卷草纹、璎珞。

（四）北崖

1. 原1、2号龛

千佛造像。高150、总宽320厘米。千佛龛高12、宽10厘米，小佛像高11厘米。造像从主龛处裂为两段。

左段：宽115厘米。主龛部分高100、宽30、深40厘米。主像残，菩萨、武士各一。右上方小龛一，高55、宽50、深15厘米。像残。

右段：宽205厘米，下部埋入土中。主龛部分高100、残宽70、深40厘米。主像面东北，结跏趺坐，高80厘米。右弟子、菩萨各一，龛外武士一。主龛上小龛一，高40、宽30、深4厘米，残。

2. 原3号龛

高80、宽78、深20厘米。一佛一侍。佛面北，坐于方座上，高65厘米。桃形头光。头残，足踏两朵莲花，着圆领贴身袈裟。左侧供养一。立台座上，头光同佛。头残，"V"字领衣，着靴，手臂下垂。

3. 原4号龛

高153、宽216、深90厘米。二佛为中心，面北，高125厘米，主佛结跏趺座于高茎莲花上，外桃形内椭圆形双重头光。"U"字领袈裟，二佛各有二弟子二菩萨立侍，皆立于与主像联茎的莲花上。菩萨头光较佛略小，弟子头光被佛、菩萨遮去大部分。龛外二力士，略低于菩萨，有椭圆形头光。力士下有狮。

4. 原5号龛

残，一佛二弟子二菩萨像。龛高90、宽75、深25厘米。佛面北，高70厘米。佛、菩萨背光皆桃形，弟子立于其背光间。其上题记，灭泐莫辨。

三、时 代

根据以上材料，可以对龙多山造像作一粗略的分期。

（一）盛唐造像

龙多山造像至少始于盛唐，南崖8号龛咸通五年（864年）题记有"其旧龛 功德光 遇……勅旨难留，经像遭 煙爐之残"（按：方格内据民国张森楷《合川县志》补充）的记载，大约谈的是武宗会昌法难使旧像遭到了破坏之事，所谈旧像，无疑便有盛唐阶段造像。西崖5号龛大和四年（830年）巴川郡赤水县蒲居士所录古铭，便是天宝年间一创造像记。某僧人开元一载（713年）发心修造佛像，三十八年后的天宝十载（751年）在龙多山石囤（今西崖飞仙石）造佛像〔按：题记右边宋绍兴二十三年（1153年）吕榆题记不确：造像非蒲居士，他仅"录古铭"；所造乃佛教大乘题材，而非道教色彩较多的"真像"，因而所谈"造像在囤之北留偈在石囤之南"的可靠性亦可怀疑〕。

我们认为西崖飞仙石5号龛左侧的7～13号龛，可能就是天宝十年造像，理由如下：①6号造像，从风格看不晚于宋代。7～10号龛皆被其打破。一般情况下，新造像打破之内容当相去年久，破旧不堪，因此可以假断7～10号龛为唐代造像。②11号龛为螭额龟趺摩崖碑，是较典型的唐碑。7～10号龛，皆有莲茎与碑下12号三身佛龛中间释迦佛座相连，我们认为，这是一组以11号摩崖碑为中心的造像。13号龛的位置正在上方，呈条状分布，亦属这一组造像的组成部分。③13号龛，以主龛为中心，左右浮雕戴幞头的供养人群像。这种群像在中原流行于南北朝，边远地区则晚于中原，可推知即盛唐阶段造像。

特征：这几龛造像内容有三身佛、立佛、一佛二弟子、摩崖碑、供养人群像等。龛形较小，内容简单但不重复。佛像高肉髻双重头光无身光。座为束腰须弥座和莲座。联茎莲座的雕凿，在后面的造像中更加着意突出。从摩崖碑螭额和卷草纹可以看出雕刻技法十分熟练。

由于这仅仅是一组残龛，上面的特征并不一定能代表此期造像的全部特点。

（二）晚唐五代造像

此期造像占龙多山造像的主要部分，有年号的造像记两则，前蜀通正年粧修记一则，皆集中于南崖。属于此期造像的，除南崖造像外，还有西崖飞仙石1～4号龛，北崖1、3号龛，东崖上2号龛。

造像题材，以一佛二弟子二菩萨二武士七身像组合为主，有千佛、三世佛、释迦佛、弥勒佛、阿弥陀佛及阿弥陀佛与观音的合龛，经变龛（西方净土变等）亦是一主要内容。

　　造像特征，龛有两种，一为方形平壁；另一为方框内凿成弧顶弧壁龛，弧形龛外饰一周精美的卷草纹。佛像清瘦，"U"领袈裟，无内衣结，结跏趺坐，弥勒佛内裙露出一小段，长及脚踝，衣纹线条简练真实。背光有两种，一种为外桃形内圆形双重头光，无身光（图二，5）；另一种复杂繁美，宝珠形头光与圆形身光相套，内饰齿轮、莲瓣纹、卷草纹、火焰纹（图二，1、2）。佛座有束腰须弥座、方座、莲座等，以写实的莲花座为主，旁出的莲茎与菩萨、弟子相连。突出的联茎联座是本期最显著的特点。菩萨不着璎珞、钏环，以襦裙为主，上衣多半臂衣，衣纹流畅，立于侧壁与佛联茎的莲座上，头光为宝珠形。弟子立于佛、菩萨之间，弧壁龛则在转角处，圆形头光被佛、菩萨挡去一部分（图二，3）。武士有两种，一种武将装束，着战袍、拗靴，戴搭耳帽，持兵器，足踏小鬼，神态恭谨；一种为力士，着犊鼻裤，肌肉发达，神态威猛。武士或在龛内，或在龛外立颊处，与菩萨、弟子在同一地平面上。龛楣尾处有两身飞天。一跪祥云上，一作飞飘状，捧供物，造型颇为呆板，缺乏生气。狮子或在菩萨脚下方，或在龛外武士脚下方，9龛狮子则在弥勒佛足下，口吐莲花，形态颇为生动多姿。自在观音3处（图三），为本期新出，在南崖千佛造像两侧，其出现与晚唐时对寺院壁画的借鉴有关。

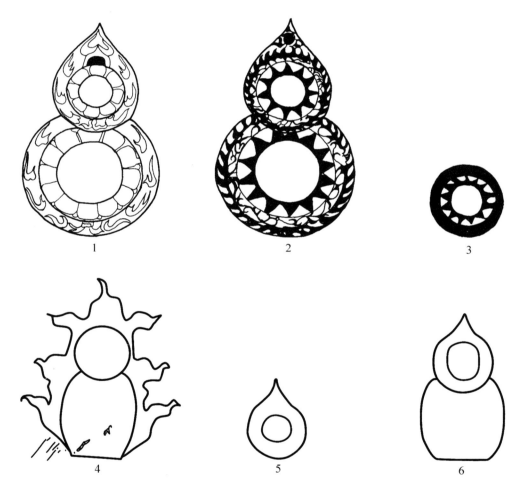

图二　龙多山造像背光数例

（三）宋代造像

　　宋代造像集中于东崖，有东崖上1、3～7号龛，东崖下2～7号龛，还有西崖6、14～17号等龛。

　　造像题材有立佛、二佛并座、三世佛、七佛、一佛二弟子二菩萨二力士、千手观音、天王像等内容。

　　造像特征：龛形以外方内弧顶弧壁的二重折叠龛为主，龛外券面饰一周卷草纹，龛楣上部或有垂帐纹和璎珞。佛像肉髻螺发，面容秀美，颈上有三道弦纹，"U"字小翻领袈裟，胸现内衣结，衣纹用圆刀雕成，

图三　龙多山自在观音像

断面呈弧形，有双重头光，内饰联珠纹，还有一种精美复杂的背光，如晚唐南崖8～10号龛背光。佛座有束腰须弥座、方座、金刚座等形式，不见前期的联茎莲座，而以细腻的仿木雕壶门和细部花纹为特点，佛座后的台阶亦有仿木几何纹，木质感强，风格极似大足宝顶圆觉洞佛座。菩萨饰璎珞，臂挂飘带，宝珠形头光。弟子在佛、菩萨间，衣理细致。武士与前期同菩萨等立于一水平面上不同，皆立于龛下方台阶侧，着短裤，手执长索，踏小鬼，孔武有力。飞天一例，姿态妙曼，天衣飘举，宛然满壁风动，与前期呆板状有明显区别，堪称佳绝。天王像残，当为北方毗沙门天王，雄健伟岸，凛然含威。力士间狮子形象生动，或立或蹲或腾跃。

另外，有两处造像值得注意。

其一，北崖2号龛，一佛一侍造像，弧顶平壁龛，佛着小圆领袈裟，衣纹为平行阶梯状，结跏趺坐于方座上，足下莲花，当为弥勒佛。立像"V"领衣，长拗靴。此龛雕凿技法较原始，衣着亦常见于早期，疑为龙多山最早造像之属。

其二，东崖下1、8～12号龛在东崖下宋代造像四周，皆小龛。造像风格粗陋。另外，尖顶搭耳僧帽、方巾状僧帽、火焰纹背光（图二，4）、武将所持之物蚌和独足铜人（？）皆与汉地造像有异，而近于喇嘛教内容，疑为元代造像。据赤水县城址调查材料，元代亦有少数遗物似乎可以作一佐证。

四、结　语

石窟群的出现，总是在一政治、经济中心的附近，龙多山造像便是赤水置县的产物。隋分石镜置赤水县于龙多山西南五里处，龙多山便作为一游览胜地发展起来。造像分布就是以赤水县为中心，由近及远开凿的。如盛唐造像多在西崖，晚唐五代远移南崖，有宋一代，则致力于更远的东崖经营，造像之外，题诗作赋、盛况空前，留下数十处墨迹。元明造像，亦多散见于东崖上下。赤水的盛衰，也决定了龙多山造像的盛衰。赤水城址的调查表明，赤水城唐宋时人烟稠密，市井繁荣，而元以后则日渐衰落。造像亦然，盛唐造像历时久远，加之又有在会昌法难中受到破坏的可能，因而难举其盛况。但晚唐开始造像在数量、规模上都很可观，战乱频繁的五代时期，对这里并无多大影响，照常开龛造像或粧修旧像。宋代造像精美，游人辞赋镌满东崖，一派盛世模样，而估计为元明时造的几龛造像则清晰地反映了赤水场作为聚落中心的衰落。

　　龙多山造像以净土宗题材为主，造像多阿弥陀佛、弥勒佛；有净土变龛；多用莲座、莲台、莲花、莲叶、莲童等象征西方极乐世界的内容，表现净土宗的教义——借他力往生净土的理想。这与唐代以后各地净土宗广为流行的历史吻合。宋代造像，新出现千手观音等密宗题材，二佛并坐等法华经教题材，同时还有少数禅宗及其他宗教内容。到元明时，出现喇嘛教内容。此外，还须指出，龙多山有少数道教造像，其中亦可能早到唐宋。从龙多山历史材料看，最早可能是道家修炼处，后与佛教并存，有较早的道教造像并不奇怪。因而，就宗教体系而言，是比较复杂的。

　　各种形式的莲台（图四），是龙多山唐宋造像突出的特点。台座高度占造像通高的比例大。例如，南崖8号唐代造像主龛莲台高31厘米，占造像通高54%；南崖9号唐代弥勒像龛莲台高45厘米，占造像通高50%；小田湾经变龛莲台高80厘米，占造像通高80%；西崖3号龛莲台高80厘米，占造像通高57%。这种现象，在邻县潼南唐代大中时期造像中存在，其他地区则极为罕见，这种有意地夸张突出，不是偶然的，应该与造像表现的佛教宗派有关。

　　龙多山造像，几乎全是开凿较浅的小龛，这亦是整个四川造像的特色。其形成当与佛教晚唐以后开始衰落有关。另一原因是造像的信徒，社会地位不高，经济力量弱小。唯一稍具规模的南崖千佛造像，与紧临的赤水县令有关，属于社会集资修造。以此作为参照标准，便可比较出其他信徒的地位及财力。以相应的社会地位为基础又规定着相应的文化素质，故而龙多山造像中不规范的现象并非仅仅是地方特色四个字可以概括的。

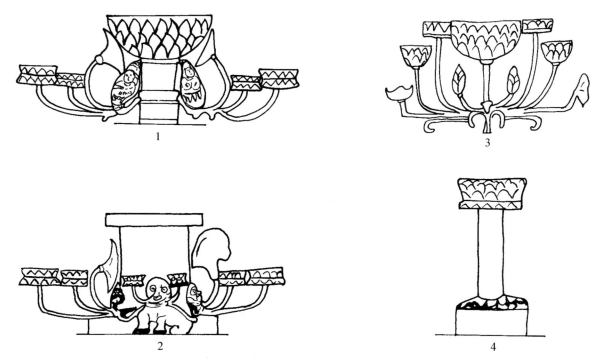

图四　龙多山造像莲台

后　　记

　　作为全国一支年轻的文化遗产保护队伍，千佛寺摩崖造像遗址保护工作的开展于我院有重要的意义，这是我院第一次全程主导完成的石刻造像类文化遗产保护工程。为了全面而系统地研究和保护这一珍贵文化遗产，我们克服种种困难，在对千佛寺摩崖造像开展清理发掘和资料整理的同时，对造像本体进行了高精度三维扫描和数字制图，全面详细地收集了各类资料信息，同时对潼南周边相关造像开展调查，整体而全面掌握潼南石窟寺资料，为我院开展石窟寺考古研究奠定了基础。在考古—整理—研究这一传统工作模式之外，我们注重开展多部门合作，古建和文保两部门的技术人员从一开始就介入，在现场掌握一手资料，研究制定了千佛寺造像文物保护方案，虽然后续工作由于种种原因没能够开展，但这种发掘、保护、利用一体化的工作对于我们今后的文化遗产保护工作无疑是一种很好的尝试。

　　本次考古工作领队为邹后曦，执行领队为方刚，现场发掘工作人员有于桂兰、燕妮、刘青莉、徐鹰、陈锐；孙少伟、谢应印、黄丽文对碑刻题记进行了现场拓片；四川大学历史文化学院白彬、董华锋、谭登峰、江滔、赵传对造像遗址进行了三维扫描，并联同刘青莉、于桂兰、徐鹰对造像进行了现场记录；摄影工作由万州区博物馆李应东，重庆市文化遗产研究院董小陈、陈锐、于桂兰、王铭、孙吉伟等几位工作人员完成；现场绘图由陕西文物保护专修学院刘军幸、陈晓鹏、席晨、尚小丽、胡月婷几位师生完成，师孝明绘制了墨线图，电脑制图由陈锐、程涛完成；杨小刚、叶琳、袁钧多次赴现场实地调查，叶琳绘制了病害图，制定了千佛寺造像的本体保护方案，刘继东、刘远坚等人负责撰写千佛寺保护规划方案；潼南区文物保护管理所具体实施了崖顶减负和简易保护等现场保护措施；在整理报告过程中，受到北京大学孙华教授建议，邀请武汉微目科技有限公司实施了窟龛造像数字制图工作，探索电脑技术在考古绘图中的应用前景。本次工作得到重庆市文物局的高度重视，中国文化遗产研究院黄克忠研究员、中国文化遗产研究院文物保护与修复培训中心主任詹长法研究员等专家先后到现场给予了专业上的指导。潼南县政府、文广新局、文物管理所及崇龛镇政府为本次工作给予了大力支持和协助。参与发掘的附近村民为确保文物安全尽心尽力。在此一并致谢！

　　《潼南千佛寺》报告编写工作自2012年开始，中途因研究人员工作变动、第一次全国可移动文物普查开展等多种原因中断，以至到2018年11月才得以完稿，编写期间，报告体例和内容几经修改，都是为了能更加全面地披露相关资料，更全面地展示我院在文化遗产保护工作上的思路。刘青莉、徐鹰、陈锐参与了资料整理；于桂兰负责概述、窟龛内容、周边石窟造像调查三部分内容的撰写；刘青莉撰写了造像特征与开凿时代部分；方刚完成了前言、造像分期研究、后记的撰写；刘远坚、叶琳撰写了文物保护方案；徐进根据发掘材料，撰写了千佛寺密教因素的研究；邹后曦负责全书审阅。为便于研究者全面了解潼南石窟寺研究概况，征得原作者同意，本书还收录了邹后曦研究员的著述。全书初稿完成后，院内专家为本报告提出了宝贵的修改意见。经历多次修改完善，报告终将付梓，我们因能够为学界提供一份资料深感欣慰。

　　科学出版社柴丽丽、王蕾编辑为本书的审核校稿付出了大量心血，保证了报告顺利出版，在此深表谢忱。本书囿于编者学识，难免有错漏之处，还请方家指正。

编　者

2018年11月

1. 自南向北航拍

2. 正上航拍

千佛寺摩崖造像遗址地貌

1. 自东向西拍摄

2. 自南向北拍摄

千佛寺摩崖造像工作照

图版四

千佛寺摩崖造像遗址全景

自南向北拍摄

千佛寺摩崖造像遗址崖前堆积考古发掘场景

1. 西延段（自东向西拍摄）

2. 崖顶减负

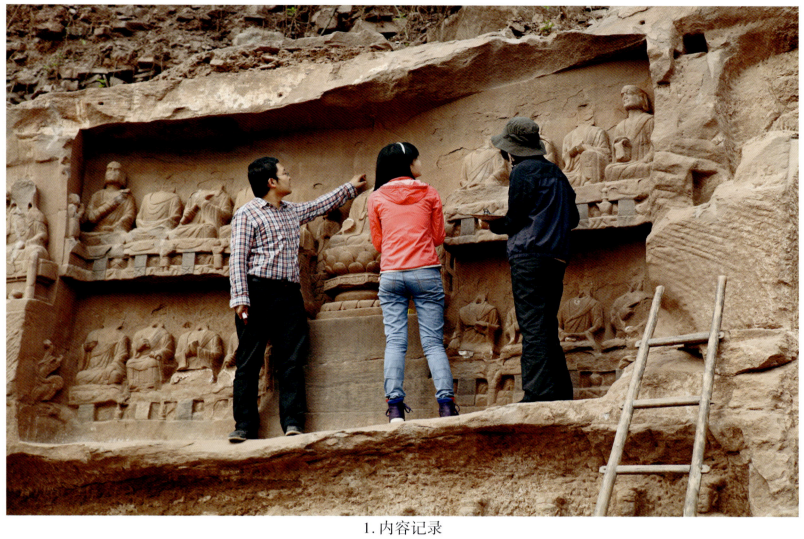

1. 内容记录

2. 题记拓片

千佛寺摩崖造像工作照

1. 传统手绘场景

2. 传统手绘场景

千佛寺摩崖造像工作照

1. 影像采集

2. 无人机拍摄场景

千佛寺摩崖造像工作照

1. 第一次三维激光扫描

2. 第二次三维激光扫描

千佛寺摩崖造像工作照

1. 第1龛全景

2. 第1龛莲池

3. 第2龛

千佛寺摩崖造像第1、2龛

1. 主尊及弟子

2. 主尊左侧弟子局部

3. 主尊右侧弟子、菩萨

4. 主尊左侧菩萨局部

1. 全景

2. 主尊及胁侍弟子、菩萨

4. 右侧壁龙纹

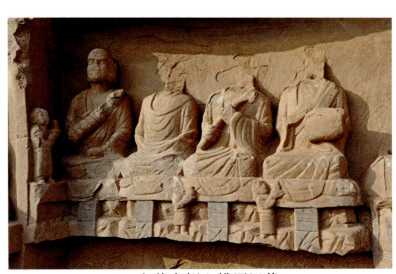

3. 主尊右侧上排罗汉像

千佛寺摩崖造像第3龛

千佛寺摩崖造像第1~5龛

1. 第5~7龛

2. 第6龛

千佛寺摩崖造像第5~7龛

1. 第7龛

2. 第7龛左侧地藏菩萨局部

3. 第8龛

千佛寺摩崖造像第7、8龛

1. 第9龛

2. 第9龛菩萨局部

3. 第10龛

4. 第10龛菩萨局部

千佛寺摩崖造像第9、10龛

1. 第11龛

3. 第12龛

2. 第11龛左侧菩萨局部

千佛寺摩崖造像第11、12龛

1. 全景

2. 右侧天王

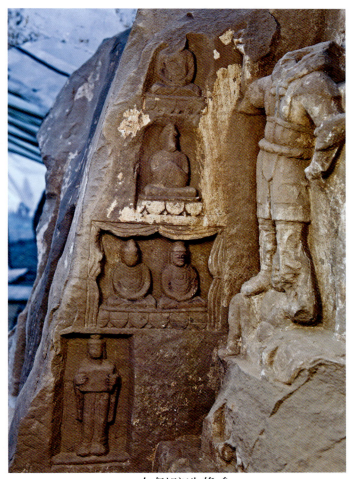

3. 右侧壁造像龛

千佛寺摩崖造像第13龛

1. 全景

2. 局部

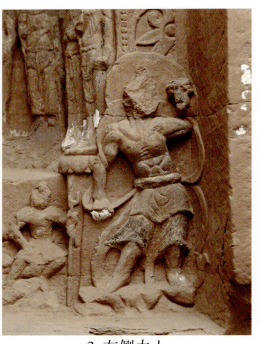

3. 左侧力士

千佛寺摩崖造像第14龛

1. 第15龛

2. 第16龛

千佛寺摩崖造像第15、16龛

1. 第17龛全景

2. 第17龛左侧菩萨局部

3. 第17龛右侧菩萨局部

4. 第18龛

千佛寺摩崖造像第17、18龛

1. 全景

2. 内龛顶部菩提双树与飞天

3. 龛楣局部

4. 主尊左侧菩萨

5. 主尊右侧菩萨

千佛寺摩崖造像第19龛

1. 全景

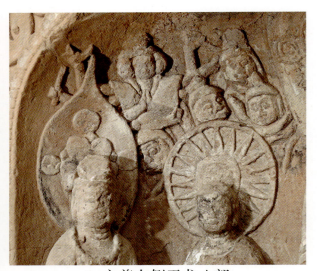

3. 主尊右侧天龙八部

2. 主尊左侧弟子及菩萨

4. 主尊左侧天龙八部

千佛寺摩崖造像第20龛

1. 第21龛

2. 第22龛

3. 第23龛

4. 第24龛

千佛寺摩崖造像第21~24龛

1. 第25龛　　　　　　　　　　　　2. 第26龛

3. 第27龛

千佛寺摩崖造像第25~27龛

1. 第28龛

2. 第29龛

千佛寺摩崖造像第28、29龛

1. 西方三圣

2. 主尊右侧大势至菩萨

3. 主尊左侧观音菩萨

千佛寺摩崖造像第29龛局部

1.菩提树

2.飞鸟、云纹、莲叶、莲蕾、童子

3.左壁造像局部

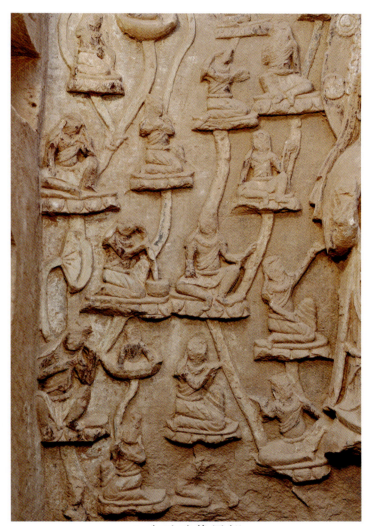

4.右壁造像局部

千佛寺摩崖造像第29龛局部

千佛寺摩崖造像第30龛

1. 主尊佛像

2. 主尊身光右侧造像

3. 主尊左侧飞天

4. 主尊右侧弟子局部

千佛寺摩崖造像第30龛局部

1. 第31龛全景

2. 第31龛天王

3. 第32龛

千佛寺摩崖造像第31、32龛

1. 全景

2. 飞天、华盖、龛楣局部

千佛寺摩崖造像第33龛

1. 主尊左侧弟子局部

2. 主尊右侧弟子局部

3. 主尊左侧菩萨局部

4. 主尊右侧菩萨局部

千佛寺摩崖造像第33龛局部

1. 第33龛左侧力士

2. 第33龛右侧力士

3. 第34龛

4. 第35龛

千佛寺摩崖造像第33~35龛

1. 全景

2. 龛楣局部

千佛寺摩崖造像第36龛

1. 内龛造像

2. 主尊左侧胁侍及天龙八部

3. 主尊右侧胁侍及天龙八部

千佛寺摩崖造像第36龛局部

1. 第37龛

2. 第38龛

千佛寺摩崖造像第37、38龛

1. 第39龛

2. 第40龛

千佛寺摩崖造像第39、40龛

1. 第41龛

2. 第42龛局部

3. 第43龛

千佛寺摩崖造像第41~43龛

1. 主尊左侧底部伎乐人像龛

2. 主尊右侧底部伎乐人像龛

3. 左侧壁底部伎乐人像龛

4. 右侧壁底部伎乐人像龛

千佛寺摩崖造像第42龛局部

1. 主尊左侧自左向右第1龛

2. 主尊左侧自左向右第2龛

3. 主尊左侧自左向右第3龛

4. 主尊右侧自左向右第1龛

5. 左侧壁左起第5龛

6. 右侧壁左起第1龛

千佛寺摩崖造像第42龛伎乐人像龛

1. 调查记录

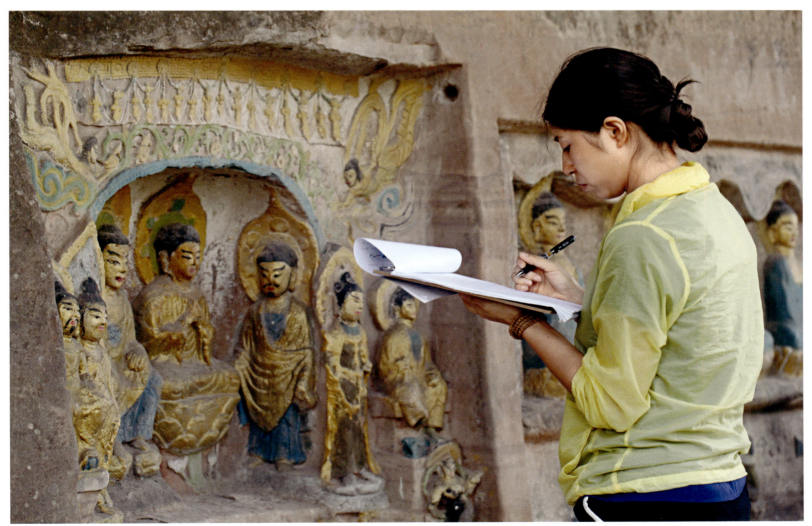

2. 调查记录

潼南区唐宋时期摩崖造像调查工作照

1. 调查拍摄

2. 调查拍摄

3. 调查拍摄

潼南区唐宋时期摩崖造像调查工作照

大佛寺摩崖造像西岩局部

1. 第4龛

2. 第30龛

大佛寺摩崖造像西岩第4、30龛

1. 全景

2. 局部

大佛寺摩崖造像西岩第64龛

1. 全景

2. 局部

大佛寺摩崖造像西岩第65龛

1. 主尊右侧弟子

2. 主尊左侧菩萨

3. 主尊右侧菩萨

大佛寺摩崖造像西岩第65龛局部

1. 第70龛

2. 第71龛

3. 第73龛

大佛寺摩崖造像西岩第70、71、73龛

1. 玉溪万佛岩摩崖造像局部

2. 僧人窟第1龛

玉溪万佛岩摩崖造像局部、僧人窟第1龛

1. 僧人窟第2龛

2. 僧人窟第6龛

玉溪万佛岩摩崖造像僧人窟第2、6龛

1. 造像远景

2. 第15~18龛

崇龛万佛岩摩崖造像远景、第15~18龛

1. 第2龛

2. 第15龛

崇龛万佛岩摩崖造像第2、15龛

1. 全景

2. 西方三圣

崇龛万佛岩摩崖造像第16龛

1. 主尊右侧壁局部

2. 内龛顶部云鸟

崇龛万佛岩摩崖造像第16龛局部

1. 莲花宝池

2. 左侧壁局部

崇龛万佛岩摩崖造像第16龛局部

1. 第17龛

2. 第18龛

崇龛万佛岩摩崖造像第17、18龛

1. 正壁上层

2. 右侧力士

崇龛万佛岩摩崖造像第18龛局部

1. 全景

2. 左壁天宫楼阁

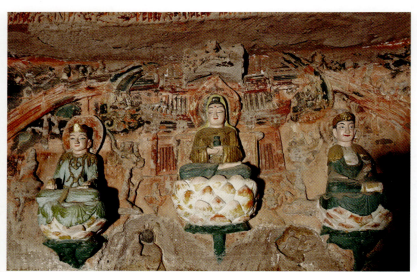

3. 主尊及胁侍菩萨

崇龛万佛岩摩崖造像第45龛

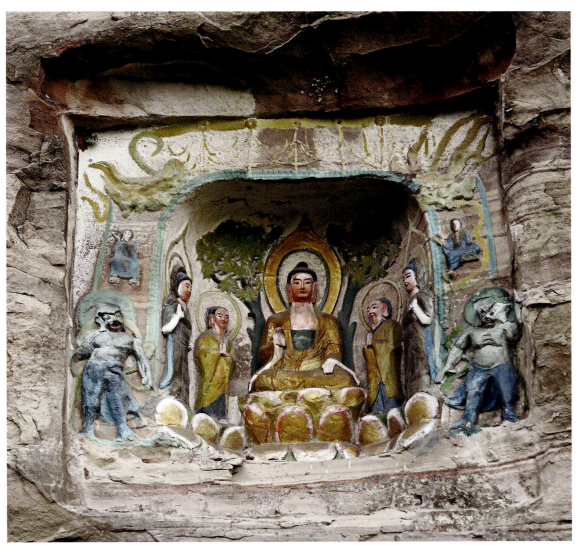

1. 第12龛

2. 第13龛

龙多山摩崖造像西崖第12、13龛

1. 龙多山摩崖造像西崖第18龛

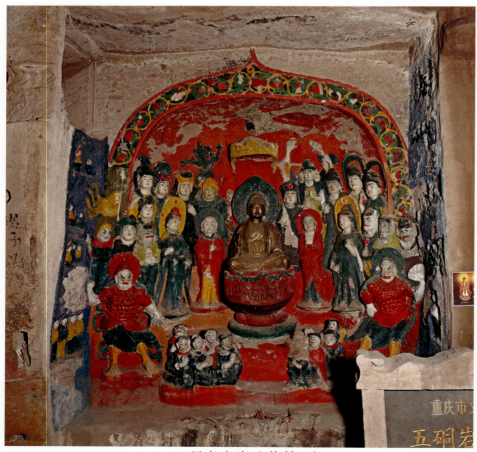

2. 五硐岩摩崖造像第2龛

龙多山摩崖造像西崖第18龛、五硐岩摩崖造像第2龛

1. 第4龛

2. 第6龛

五硐岩摩崖造像第4、6龛

1. 后龙坡摩崖造像第1龛

2. 龙多山摩崖造像南崖第8龛千佛造像局部

后龙坡摩崖造像第1龛、龙多山摩崖造像南崖第8龛千佛造像局部